青春美文精品集萃丛书·美好时代系列

美好信念的守护

《中学生博览》杂志社 选编

时代文艺出版社

图书在版编目（CIP）数据

美好信念的守护 /《中学生博览》杂志社选编. --
长春：时代文艺出版社, 2021.6
（青春美文精品集萃丛书. 美好时代系列）
ISBN 978-7-5387-6801-5

Ⅰ. ①美… Ⅱ. ①中… Ⅲ. ①作文－中小学－选集
Ⅳ. ①H194.5

中国版本图书馆CIP数据核字(2021)第106687号

美好信念的守护
MEIHAO XINNIAN DE SHOUHU

《中学生博览》杂志社　选编

| 出 品 人：陈　琛
| 责任编辑：徐　薇
| 装帧设计：孙　利
| 排版制作：隋淑凤

出版发行　时代文艺出版社
地　　址　长春市福祉大路5788号　龙腾国际大厦A座15层　（130118）
电　　话　0431-81629751（总编办）　0431-81629755（发行部）
网　　址　weibo.com/tlapress（官方微博）　sdwycbsgf.tmall.com（天猫旗舰店）
开　　本　880mm×1230mm　1/32
字　　数　135千字
印　　张　7
印　　刷　三河市嵩川印刷有限公司
版　　次　2021年6月第1版
印　　次　2021年6月第1次印刷
定　　价　36.00元

图书如有印装错误　请寄回印厂调换

编 委 会

编委会主任：刘翠玲　夏野虹　高　亮
编　　　委：宁　波　孟广丽　张春艳
　　　　　　李鹏修　苗嘉琳　姜　晶
　　　　　　王　鑫　李冬娟　王守辉

Contents
目　录

九月雨季不再来

橘子硬糖　/　流萤回雪　002
九月雨季不再来　/　木子李　011
如果这个世界只剩我和你　/　寒飞飞　030

等风吹净沙

全世界都听得见你说爱我　/　陌　忆　046
等风吹净沙　/　林　文　061
飘不到远方的云朵　/　木子李　076
等风来　/　酒　忘　096

我走在少了你的风景里

我走在少了你的风景里 / 冰与蓝 106

我家有个美男子 / 浅悦幽然 117

月 半 弯

末塔的猫 / 流萤回雪 140

高脚杯里最后一个月光盛夏 / 陈小艾 151

月半弯 / 月下婵娟 159

原谅时光，记住爱

于半叶，请自由奔跑 / 陌 忆 172

原谅时光，记住爱 / 溪 夏 189

李浩然已消失在日落前 / 莫 angle 筱晓 202

又见花开 / 孙 颖 216

九月雨季不再来

橘子硬糖

流萤回雪

夏·雨水

还是在一个下雨的日子,我在家里做不下任何事,干脆放下书在胡同里走一走。我随便拿了一把伞出来,听着雨水"丁零当啷"地敲在两侧老四合院院墙的滴水瓦当上,甚是好听。

我还听到了一个女孩子的声音。

"不二家的糖虽然很出名,纸棒也很贴心,但是完全没有上好佳的那样好吃。上好佳的硬糖完全可以列为'感动我人生的十大食物之首'了。"

我把伞稍稍抬起,看到了一个和我差不多年纪的中学生,她左手拿着一把伞,右手拿着一袋糖,还把一个手机夹在脑袋和肩膀之间。许多雨水都从伞的一边溜到了她的肩膀上。

仔细一看，又发现那把伞的原本功能只是遮阳而已，有许多雨水顺着伞上刺绣的针脚渗到里面。

鬼使神差地，我走过去，把自己的伞举到了她那没打好的一侧。

她感觉到自己的肩膀不再有雨水，就挂了电话。

"漏水太厉害，跟没打伞差不多。"

"夏天，淋淋雨也蛮好的。"我说。

我呵呵一笑，接过来她递给我的橘子硬糖。有一些雨水随着糖果一起到达我的手心了。我想，我怎么也不会忘掉这个冰冰凉凉，又带有一点儿甜蜜的触感。

夏·北平

女孩儿是对门四合院的新房客。

落着雨的暑假里，她租下了那四合院的一间房子。听人说，这个女孩儿没有陪伴，只是一个人来北京，过一整个夏天。

我正期待着和她下一次的遇见，就看见在大雨瓢泼的世界里，她从院子里垂得层层叠叠的葡萄架下钻过来，把伞丢到一旁，说要到我的房间里借书。

"唉，雨这样大，只能看书了。"她踮起脚尖，从书架的上层拿下一本《城南旧事》，坐了下来。

"是啊，如果下得稍微小一点儿，你是可以出去走走的。"

"好多人都找你借书啊。"她塞了一块橘子硬糖给我。

雨越来越大了。女孩儿时不时望望外面的天空，倒是丝毫没有皱眉，也是个爱读书的人啊。

"喂，你喜欢北京吗？"我忍不住说。

"我还是比较喜欢'北平'，喜欢过去的年代。"

"我也比较喜欢过去的年代。你住的这个东四十二条，往北是梁启超的故居，往西北是田汉住过的细管胡同，往南一点儿是欧阳予倩的故居啊。西边的中剪子巷还有冰心故居呢。"

晴天后的一个夜晚，她又从外面跑进来，钻到葡萄架下，摔开一个西瓜，又把手机里的相册翻给我。

"你说的这些故居，也根本不让人进去啊。所以，喜欢也没有用啊。"她的手机相册里出现一个又一个紧闭的门。

"可是如果在过去的话，我们可以找梁启超辩论，可以找冰心借书，是不是？"

"咱要往前看，"她又给我一颗糖，"万一你以后也是名人呢，我还不是也结识过你？"

可我还是忍不住想，如果生活在过去的北平，不知道能不能吃到橘子硬糖。

夏·秘密

我觉得，女孩儿是一个有秘密的人。因为，她从来都不告诉我，那些随意的电话都是打给谁的。

譬如那次评选什么"感动她人生的十大食物"啊，譬如后来在我家时，她还跟电话里讲着什么"今天天气好热，但是好想出去卖唱"，那明显不是和父母说话的语气。

同样，我也不知道她这一夏天的生活费用从哪里来。她几乎天天都跑出去玩，但是回来的时候，居然还会借用邻居的锅，自己给自己做饭。她的厨艺不错，尤其是红烧鸡块。

在夏天快要结束的时候，她就带着这些秘密走掉了。而我，也离开了北京的奶奶家，来到石家庄这边念高中。

我以为我再也见不到她了。

直到我在陌生的班级里低下头来，准备认认真真来写一篇日记的时候，一块橘子硬糖突然丢到了我的桌子上。

"不要和别人说，在北京见过我呀。"一个熟悉的声音，小声地说。

"为什么？唉……好吧。"

她叫李维维，她还是喜欢从我这里借书看。

但她不再打电话给那个奇怪的人。

我们都不怎么和别人说话,我们默默地成为关系不温不火的同班同学。

李维维每天第一个奔出教室,对着学校里所有的狗学猫叫,对所有的猫学狗叫。而我老老实实,每天放学最后一个离开,在脑子里演算各种算不大清楚的公式。

校园的梧桐开始脱落头发,我觉得在我的旁边开始长出故事。

秋·哥哥

有一次,李维维哭了起来。在体育课的自由活动时间,她独自一人坐在学校锅炉房外面的花园里,拿着一本书哭。

我走过去,她抬起湿嗒嗒的脸来,"妞儿死了……"她的手里,还是那本《城南旧事》。

我说:"有可能是编造的啊,小说嘛……"

可她还是止不住地伤心。

我带她往学校外面走一走,秋天的长风里,已经开始有人放风筝了。不远的天空上,一个渺小的风筝,就像一个邮票一样印在天幕。李维维的脚踩在碎了的叶子上,"嘎巴嘎巴"地响着。

"我曾经有一个哥哥的。"她这么说。

"我有一个哥哥,他和我同父异母,长大后,又分开了。"她把脸抬起来,郑重其事地跟我说着,"他在北京生活,我在石家庄,去年春天,他得病之后,我就再也没见过他。"

"是吗?所以你才去北京吗?去看看他生活过的地方吗?"我说。

她突然扑哧一声笑出来,"没有啦,我骗你的啊!他好得很。"

我原本绷紧的脸,又立马舒缓了起来。

我和李维维站在学校后坡的草垛子上唱歌,我教她唱《下雨的垦丁》。歌词说:"可以开心一点儿吗,像现在的我一样,可以开心一点儿吗,一直都像我这样。"

后来,所有以前被她喵喵地叫过的狗都接二连三地跑来了,这里乱得要命。不知哪个年级的老师打开了办公室的窗户,对我们这里高喊了一声:"安静!"

秋·念书

开了一次家长会,我妈妈回到家,和我说:"你有一个同学,家长都没有来,是自己来的,她叫李维维。我问她为什么自己来的,结果啊,那孩子的声音太好听了,就跟冰块一样,她说:'我父母都在国外啊。'"

这次的家长会,是为了公布月考的成绩单,我看了看，成绩如同预想中的样子，不温不火，中等偏上。而李维维的名字出现在第十四，比我要好一些。

但是李维维还是非常不开心。

她把自己的成绩剪成一个细细的小条，再把那个十四的名次用红笔描一遍，贴在水杯上，天天盯着。

每个课间，她都打开一本文科的书，捂住耳朵，无声地默背。

李维维的话越来越少了，但她吃的糖越来越多。每天每天，都能看到教室一角的垃圾筐里，出现至少两袋的糖果包装袋。

我好怕她会得蛀牙啊。我跑去提醒她，但她总是摇摇头，义无反顾地像个学习狂人。

直到再一次的月考发成绩，她看到自己的成绩又恢复到第七，才大松一口气般地肯和我出去逛操场。

"其实，我是有一个哥哥的，他从小到大学习都很好，从来没有跌出过前十名。"

"是生病去世的那个吗？"我装作漫不经心地问。

"哈哈，都说生病是骗你的啦，我的哥哥，好得很。"她带着一些欢欣的表情说。

我又释然起来，"你应该是把他当成偶像了吧，这样拼了命一样地向他学习。"

她点了点头。太阳慢慢西沉。我看着她，居然感到了一些伤感。

秋·北京

在李维维消失掉的那个周三,全年级只有我知道该如何联系她。

在她消失掉的前一天,她的妈妈来学校找她。那个穿着旗袍的非常美丽的女人,说要带她出国念书。而她先是摇了摇头,又点了点头。

在她消失掉的那一天,我找到了她抽屉里那部忘记带走的手机。翻看过往的通话记录,我发现,除我之外,这几个月她根本没有给谁打过电话。而暑假的七八月份常常拨出的一个号码,居然是空号。

我突然明白这个故事到底是什么样子的。

我打电话给我在北京的奶奶。而奶奶说,那个夏天来过的女孩儿,真的在对门。

我跟她说:"你在暑假时打的那些电话,是给去世的哥哥吗?"

一个冰块一样清凉的声音,用小小的音量说:"是。"

"其实出国念书挺好的。"我说。

"我最后一次看看我哥哥住过的地方。"她说。

"你哥哥,是那个叫李彬的男生吗?"我突然想起来些什么,忍不住问。

我知道她的哥哥是谁了。还是在我小时候，每年来北京过寒暑假的时候，李彬就是我的兄弟。李彬总嫌我闷在家里看书，老是约我出去打篮球。李彬的学习成绩非常好，还给我抄假期作业。我和李彬去过什刹海滑冰，去过十三陵水库钓鱼，还一起去过神堂峪爬那个明明不让游人攀登的野长城……

也就是这个暑假，我来到奶奶家，就看到了他搬走后那空空的房子。

李维维在电话那边小声地说："北京啊，一层秋雨一层凉的。也不知道，哥哥在那边冷不冷。"

我说："你不是说过吗，要往前看啊！"

后来，我再也没有见过那个声音冰凉的女孩儿了。

后来，每当去北京小住，我总要看看对门的那间四合院，想想它以前住过什么样的人，以后还会住什么样的人。那以前，上至遥远的清朝，那以后，下至在我生命结束的以后。世界多么渺茫啊，但橘子硬糖的甜，总是我现在能够真真切切感受到的。

九月雨季不再来

木子李

1

是谁说的,任何一场伟大的感情开始前,总有一个人要先耍无赖。

应该没有人会相信,刚认识一天的我们就确立了男女朋友的关系,甚至连我也在深深地怀疑这爱情来势凶猛的原因,是不是我和你都欠缺了理智。

所以,我毫不避讳地问你:"陆时迁,咱俩谁先耍的无赖?"

你摸着下巴左思右想了一会儿,肯定道:"是你。"

"胡说!"我站起来,直指你的鼻子驳回去,"当初我只是个来讨债的。"

"正是因为讨债的你空降在我的世界,才有了我们后来的无限可能,不是吗?"你眨眨眼,有卖萌的嫌疑。我抱住你的脸,严肃地问:"后悔吗?"

你又抱着我的脸回了一句:"不后悔。"

然后,我们两个二货就牵着手去全世界炫耀去了。

第一地点就是严倾所在的实验室。

穿着白大褂戴着黑框眼镜的严倾正在做实验,他晃动着手里一瓶无色液体,神情专心细致,我觉得他特别像《盗墓笔记》的那个闷油瓶,长得很帅,就是有点儿闷。

我和你在实验室门口,一会儿嘻嘻哈哈,一会儿做着"来啊来啊,你来追我啊"的游戏。

终于,严倾被我们成功地转移了注意力,当他的视线落在我和你的身上时,我抱着你的大脑袋,看着那满头乌黑的亮发,忧心忡忡地说:"哎呀,亲爱的,你怎么有白发了?是不是近日总赶着给我送早餐,没睡好呀?"

说着,我还煞有介事,认认真真地给你拔了两三根。

你的脸痛苦地扭曲了两下,但语气很享受,你说:"亲爱的,你最贴心了。"

然后,我俩带着高度的默契,相视一笑,欢跳着走远。

走到一个无人的楼梯口,我和你不约而同地捂着胸口,干呕起来。呕完了,我们握拳用眼神传达了"亲,要忍辱负重啊"的意思,带着高昂的气势冲向了第二地点——学校门口的那棵歪脖子树。

那棵歪脖子树下,夏诗正在摆摊子,卖些小台灯之类的日用品。你把长臂搭在我的肩头望着我,忽然心疼地大声说:"欢欢,你最近好憔悴哦。"

夏诗面对我们的卖弄,面目淡然得很,她的焦点奇怪地落在我们的头顶上方,我顺着她的视线望去,才发现那棵歪脖子树上有只鸟儿正栖息在枝头上——拉屎。

这鸟屎正在你的头上做自由落体运动。

我一口气没上来,直接笑得扑倒在地,我颤颤巍巍地指着你的头顶连话都说不出来,当你疑惑地抬起脸往上一看时,那鸟屎落在了你的眼皮上……

——哈哈!

——哈哈哈!

当时我真不知道该怎么形容我的心情了。

我觉得我迫切地需要呼叫120,迫切地需要来几个人用担架把我抬走,再不走,我随时都会因为腹痛,一命呜呼。

2

在我继续讲我们的故事之前,我有必要先介绍冥冥之中给我们牵了红线的两个人——严倾和夏诗。关于严倾,他是我的前男友,关于夏诗,她是你的前女友。

在此之前,我们两个是路人甲和路人乙。

好笑的是，当我的前男友和你的前女友在我们的眼皮子底下暗度陈仓时，我们就像两列永远不会交集的列车突然追了尾。

我还清楚地记得那是九月的天，开学没多久就下了雨。

在那满是潮气的走廊里，我看见了你，只一眼你就带给我一种惊为天人的感觉，怎么说呢，像我这种有男朋友的人还是忍不住为了你小心脏怦怦跳两下，可见你是多么"男颜祸水"。

我问："你是不是陆时迁？"当时，你疑惑地点点头，未等你开口，我伸手就问你要钱。

你的脸抽了一下，不解地问："什么钱？"

在见你之前，我对你的印象就是个地痞流氓。你的女朋友夏诗，你知道她借了我多少钱吗？借到我忽然惊觉我这个月很可能没米吃了，我才想着去跟她讨债。这年头，借钱的都是大爷，要钱的都是孙子，我支支吾吾说了半天，才让她还钱。

可是，她却说："颜欢，钱我暂时还不了你了，都被我男朋友拿走了。"

我这个人吧，最瞧不起的就是吃软饭的男人，所以，我也不顾什么姐妹之情了，一气之下就来找你了。我想再不济，钱要不到，给你点儿苦头吃总是可以的吧？

可是当我把这一切来意都向你说明之后，你的脸色刷的一下子变了，说不上难看但挺震惊，你说："夏诗真的说她借的钱都被我拿走了？"

我看你不像是说谎的模样，心里挺没底气地反问你："难道没有这回事？"

你没有说话，只是沉默地拿出手机，一遍又一遍地拨着夏诗的电话。当时，也真是邪门了，夏诗就是不接电话，你挂了电话掏出皮夹把所有的钱都给了我，我一数，哇，差不多有八百块吧。

我拿了四张，退回四张，我说："够了够了，这些就够啦。"

然后，我要走，你却一把抓住了我，你说："钱我可以给你，但你必须带我去找夏诗！就现在！"

我看着你眉宇间的怒气，当即觉得我这钱要得有些危险，吃人嘴短，拿人手软。我拿了你的钱，就得替你办事。

所以，我们一前一后，前往未知的暴风雨中。

3

去找夏诗的路上，你真不是一般的话痨。

你一会儿问我是哪个学院的，一会儿问我是哪班的，就没有消停过。我一直疾步在你的前面，没有作声。你忽然走到我前面来生气地说："那你告诉我你的名字总该可以了吧？"

我回头怒瞪了你一眼，你撑着黑色的格子伞，很干净的容颜，宛如白莲盛开在泥潭。我说："你先跟我去××学院一趟，我要给我男朋友送伞。"

你眼底有些失望，但却像个孩子紧紧地依附在了我的身边。

我们的鞋子上都还带有水渍，一路嘀嗒到了实验室的门口，因为阴天，实验室里还亮着灯。我告诉你，站在门口别动，我进去一下就出来。

你笑了笑，眼底全是狡猾，你说："怎么？怕我进去看到什么不该看的？"

跟你这种人真是没法好好说话，我没有理会你，轻轻地推开了实验室的门。可是，那扇门一开，我和你都愣住了。

那扇门里，一对儿正抱在一起，若不是那两张面孔太过熟悉，我和你真该赶紧闪人。可是你我都挪不动步子，只被眼前的一幕惊得瞠目结舌。

我当即第一个反应，竟是回头看你，怎想，你也在看着我。我总觉得我们像两个失散多年的孪生兄妹，要不然怎么会有一齐冲上去收拾那两个人的默契。

我扇了夏诗，你打了严倾。

最后，我们两个都没有给他们说话的机会，牵着手，解气地离开了。

走到第四个楼梯口，我就走不动了，我抽回被你牵着的手，捂着心口慢慢地蹲下来哭。那里很疼，我不骗你。

怎么可以这样子呢？我一遍遍问自己，昨天，我还和他一起去食堂吃饭啊，他把所有的红烧肉都夹给了我，那样宠溺的神态，全无背叛的迹象。可是，一朝一夕的工夫，为何就变了样？

你看着我，没说话。估计你的感受也好不到哪里去，你坐在我身边，沉默，一直沉默。

4

和你在一起的日子，我也渐渐对你有所了解，你家境挺好，连上这所大学都是你爸托人走的关系。

你看上夏诗就是看中了她是个勤俭懂事的好姑娘，这年头的女孩儿一个个都那么物质化，你爸让你把眼睛擦亮点儿。当有一天，你看见一个穿着白裙子站在歪脖子树下摆摊子的小女孩儿，一下子被她身上冷冽的气质吸引了。

你追夏诗的时候，吃了一堆苦头。

以前你仗着自身条件优越，追个女孩儿手到擒来，可是，夏诗软硬不吃。她愈是态度强硬，你愈发觉得她是个不可多得的好姑娘，至少，她不贪你财，也不贪你貌。

就在你自己绝望得都快要放弃的时候，夏诗忽然对你抛出了橄榄枝，让你都意外至极。

就这样，你们在一起好了，三个月零三天。

比起你和夏诗富二代看上灰姑娘的浪漫情史,我和严倾的故事就惨淡多了,图书馆相遇,图书馆相识,图书馆相恋。图书馆是我们爱情的秘密基地,那里关着我和严倾的第一次心动,第一个亲吻,第一句诺言。

但现在,这一切通通都成了笑话。

谁也不会想到我们会在一起,可是,在一起后的我们,每做一件事都是冲着严倾和夏诗而去的,我们两个无时无刻不在盘算着,下一次要以怎样的姿态出现在他们的面前,又要用怎样的柔情蜜意来打击报复他们,于是,就出现了各种闹剧和笑话。

比如,你在歪脖子树下,被一坨鸟屎狠狠亵渎的情景,都够我笑一辈子的了。

那天,你夸张地用掉了半瓶洗发水,你把头伸在水龙头下,洗了一遍又一遍,我站在旁边腰都站酸了。过了很久,你才抬起头来用毛巾擦头发。

你一边擦一边说:"太气人了,晚上我要去烧两只鸽子解解气!你去不去?"

我说:"你请客的话我就去。"

你白了我一眼,"瞧你这没出息的样。"

我忍不住笑了,其实是被你的语气逗笑了,但你坚定地认为我是在笑你,所以,你拿着毛巾绕过我的脖子佯装着要勒死我,你的臂膀有力地环着我,洗发水的香气在清风里浮动,我在你的臂膀里,红着脸一下子不动了。

而今的我,太过清醒。你的一个贴身的动作,指间的香气,都让我忽然乱了心跳。

你感觉到了我的不自在,将我转过来紧张地问:"颜欢,是不是我刚刚勒疼你了?"

我看着你摇摇头,你长长地松口气,笑着揉我的发,宠溺至极。

平日里,你喜欢用发胶把头发抓出各种造型,这是第一次,我看着你的黑发软塌塌地覆盖在你额头的模样,发际还滴着水,秋天的阳光就在你的身后,那样耀眼。

我忍不住多看了你几眼。

好时光,好模样,如今想起,都叫我心里软得一塌糊涂。

5

我也曾认真地想过,我们在一起这件事,是不是纯属闹剧。或者是一场计谋?

我们彼此利用着,来伤害那些对不起我们的人,我们万般折腾,我们费时费力,我们假戏真做,可是,到头来,他们淡漠的情绪又再次深深地中伤了你和我。

至少,我是真的被伤惨了。

我和你做的也够多了,戏做过了,就显得自己像个跳梁小丑。我没有告诉你,严倾他来找过我,我本以为他后悔了来找我忏悔，可是他站在我面前，还是从前那般闷到冷漠的一张脸，他说："颜欢，那天的事情我不想解释什么，我只希望你不要因为那件事，就和别的男生那么随便。"

当时我真想笑啊，是谁有了背叛在先，又来管教我的随便，你说有些人的脸皮怎么能这么厚！从分手到现在我都没有同他闹过，也没有让他给我个说法。

但这次，我打了他，最后我浑身发抖地送了他一个字："滚。"

我没有多优雅的姿态，也没有圣母的胸怀，我只能把我当时最坏的情绪表达出来。

可是，你知道这世界有多气人吗？滚了一个，又来了一个。

来的不是旁人，是你的前女友夏诗。我说，你和严倾串通好的吧，他前脚刚走，你后脚就来了。

没想到夏诗微微地垂下眸子来了句："颜欢，你祝福我们吧。"

我走了，再不走，我砍人的冲动都有了。

真没见过这么办事的，挖人家墙角不说，还要人家送祝福，我要真祝福了，我就是圣母一号，该被发射到火星远离地球。

还好，晚上你给我打了电话，你说了什么我不记得了，我一直在用"嗯、啊、哦"等简单的词汇回应你，不想你却生气了。你说:"颜欢,有你这么讲电话敷衍人的吗?你不是和我打电话的时候,心里还想着你的严倾吧?!"

真想不到你竟会问出这样的一句话,如果你知道我一天之内见了两个朝我心口捅刀子的人,你还会对我这么凶吗?

所以,我生气了,我开始口不对心了。

我说:"我想着我的严倾怎么了?你还不是一样犯贱地想着你的夏诗!咱俩半斤八两,谁也甭说谁!"

我听见你的呼吸都重了起来,最后,你一声不响地挂了电话。

今天,我已经被严倾和夏诗气得够呛,你又来这么一出,我听着电话那端的忙音,将手中的手机朝着对面的墙壁奋力地一摔,啪——

它以惨烈的姿态碎成了两半。

就像我的心,也惨烈地碎成了两半。

6

手机摔坏了,我一直都没有管它。

我固执地认为,再也没有人会联系我,最爱的人走了,最好的朋友也走了,还有曾叫我在悲痛的日子里依靠的你也走了。

有时想想，真没意思。

可是我不能自暴自弃，我得看看严倾和夏诗到底能够走多远。我一个人迂回在这一万人口的大学里，我最想的还是你，想我们在一起的那段日子，其实快乐多过一切。

终于，有一天，你从我的背后将我拥住，我没想到骄傲如你，也会放下身段主动来找我。你什么都没说，就那么紧紧地拥着。

我在你的怀抱里，窒息；又在你的无言里，难过。

那次，我们坐在一起很认真地谈了一次话。

你最先说出了那个让我们敏感又不敢面对的话题，你说："我知道，我们最初在一起都是有私心的，我承认我利用着你干了一些蠢事，可是，过去的事就让它过去吧，你愿不愿意和我有一个新的开始？"

我看着你，眼睛花了。你看这世界还是有期待的，你给了我这样的惊喜，我又怎能拒绝你的好意。

我们真真正正地在一起了，我们拖着手，再也不需要向谁炫耀。

可是，我们笑得比以前还要开心，你还给我买了一部新的手机，我拿着那份珍贵的礼物，学着你老爹的口气教训你："陆时迁，你可长点儿心吧，现在的女孩子一个个都这么物质化，你可别被骗了。"

你站得挺拔，语气可男人了，你说："给你你就拿着，别不懂事。"

当时，你在我心里的形象，可谓是一下子秒杀了昔日我看过的所有的"言情"男主。

7

有天，我和你走过校报栏，那里围满了学生。

学校为了鼓励农科学院的学生搞出好的科研成果，发布了一个活动：只要搞出新成果并得到校里导师的认同，学校会奖励五千元的奖金。这本来也不关我们两个人的事，可是素来想在这方面出人头地的严倾，开始一心投入实验的活动中。

只是天不遂人愿，他发生了重大的意外事故。

当我赶到医院的时候，他的脸已经全部被白纱布包了起来。昔日，我咒他不得好死，而今他真的躺在这里的时候，我特想抽自己一嘴巴子。

夏诗站在我面前没有哭，她平静地说："颜欢，我们的恩怨以后再算，现在你得帮我，严倾的脸有百分之六十的烧伤面积，医生说得做植皮手术，手术费用很大，学校那边会拨一部分资金，但与需要的费用还相差甚远，我希望你能帮我筹一些钱来。"

我听完她的话，又看看躺在床上的严倾，沉默了。

我去哪里弄钱？我不过一个穷学生，我就是把自己卖了也弄不出那么多钱。那天，我从医院离开就独自到处溜达，一边溜达一边想着生财大计。

我想得太认真，以至于连你的来电我都给忽略了。

后来，我走进一家小店。过了一会，我数着一千块钱走出来时候，却直直地撞进了你的怀里，你皱着眉头，一副要把我吃了的模样。

是我大意了，你给我打电话的时候就站在我的身后。你看我没接电话，想要向前跟我打招呼，可是，你却看见我走进了一家商店，看见了我卖掉了你给我买的那个新手机。

你一把拉起我，就拖着往前走。

一路上，我还在想要怎么解释才好，你却一个转身将我逼迫在原地，朝我吼："你就那么缺钱吗？那部手机我花了五千块钱买的，你给我当了一千块！你到底要干什么！"

我看着你生气的模样，并没有急着解释事情的缘由，而是拖着你的手，乞求你："陆时迁，你能不能借我一笔钱？严倾他住院了，需要一大笔费用做手术。"

你看着我，很不解地看着我，忽然，你仰头笑了。

你甩掉我的手，问我："所以，你当掉了我送给你的手机，就是为了给他凑手术的钱？"

我点点头，以为你会同情我，没想到你的目光更加凛冽起来，你说："真没看出来，你待他还真是情真意切啊，但是我和他有几毛钱关系？你想让我拿钱救他，没门儿！"

你说完就走了。

我看着你的背影,想你一定是误会了什么。

我迫切救他的心情,却因为你的捕风捉影承担了我还爱他的这个罪名,我真是委屈啊。

8

我们再次不欢而散。

再筹不到钱,严倾就会错过最佳动手术的时期,夏诗终于被这种紧迫给逼得崩溃了,霓虹灯下,我第一次看见她哭。

她说,她和严倾从高中就认识了,他们把最美好的青春都给了彼此。他们一起努力考上了同一所大学,一起对着未来做着美好的规划。后来,他们闹了一点儿小别扭,中间谁也没有联系谁,而我却钻了空子,走进了严倾的世界。

那个时候,你正对夏诗穷追猛打,夏诗之所以会突然对你的态度转变,我想你也能想通原因了。对,我们两个都当炮灰,被别人利用了。

可是,夏诗一直在坚持做一件事,就是时不时寄一笔钱给严倾的母亲,严倾的母亲有腿疾,生活艰难。她平时靠摆摊子赚得的补贴,还有她曾经借了我的钱,都给了严倾的母亲。

后来，严倾知道这件事，被她感动，旧情复燃。

而他们旧情复燃的一刻，就这么被我们两人"捉奸"在场。曾经我们装成那么相爱的样子，拼命从对方眼里找自己的一丝存在，现在想想，真是好笑啊。

我们的存在，真的没有任何意义。不过，遇见你，给了我原谅一切的理由。

只是眼下，我和夏诗都被这么一大笔钱压得喘不过气。自从上次我们不欢而散，你已经很长时间没来找我了，我也赌气不去找你，就这样，我和你打着一场沉默的持久战。

最后，我赢了。

你来找我的时候脸很憔悴，你站在我的面前，对我说："颜欢，其实只要你来找我，哪怕是来帮他借钱，我也什么都不计较了。可是，我等了那么久，你都没来。"

我心中酸楚如潮，无言以对。

你又说："现在我来了，我来了，是不是你也就什么都不计较了？"

你鲜少对我说些情话，可是你的这一句话，让我特别动容。

我总以为，爱情这件事，最令人难过的是对方的不理解和不信任，可是，我错了，它最难过的地方是：当你千错万错，深爱你的他，愿为你承担罪过。

9

因为对我的妥协,你接受了我那个有些残忍的要求。

也不知道你用了什么办法,说服你爸爸拿出那么大的一笔钱,现在,已经成功做完手术的严倾正在打点滴,虽然他不能恢复以前的面貌,但是,这个手术对他来说已经是重生。

这件事最大的功臣就是你,我想请你好好吃一顿饭,我打电话让你在医院走廊的拐角处等我。

可是,等我到了那里却看见你和夏诗站在了一起,我隐匿在拐角处听见你说:"夏诗,我已经答应你拿出这么大的一笔钱,现在你是不是该回到我的身边了?"

夏诗没有出声,我稍稍歪了下脑袋,才看到了她与你紧紧地抱在了一起。

我的眼睛痛了起来,我想有些事是我误会了。

我一直以为能够让你慷慨解囊的是我这个现女友,可是,眼前的事实却告诉我,你的妥协不过是为了重新获得夏诗的芳心。虽然我没有走上前去质问你,但我还是冲动了。

我发了一条短信问你,"陆时迁,你到底有没有爱过我?"

你没有回,这令我觉得我和那些整天吵啊闹啊的女人一样庸俗不堪，其实爱情这件事本来就没有那么多道理可以讲，对不对？我想既然答应了请你吃饭，就当是顿散伙饭吧，所以，我又发了一条短信让你直接去八路一家火锅店。

你来之前，我看着玻璃窗外攒动的人影，发呆。

其实心里很空，特想大哭一场，羊肉的香气也不能带给我这个吃货安慰，过了很久，你提着一个纸袋子，坐在了我的面前。

你和我说了一会儿话，一边说一边热情地给我夹肉吃，你当然不知道你和夏诗情意绵绵的时刻被我撞见，我看见你此刻的模样，觉得你比严倾还虚伪。

过了一会儿，你从袋子里拿出了一个漂亮的娃娃说是给我的，我抱着那个娃娃，没有悲没有喜，脑袋一片空白。

分手在我看来是早晚的事，所以自那一顿饭之后，我再也没有找过你。

可是夏诗突然打电话给我，她告诉我在医院里我看到的都是假象，是你要求她陪你演的一场戏，目的是让我对你死心。她还说你拿出的那笔钱是你私自动了你爸的公款，根本就不是你爸给你的，现在财务部上出了一个大窟窿，你爸只好拉着你先去国外避避风头，可能会回来，也可能永远不回来。

以前常从电视里看一个人去追机的情景，觉得分外夸张。现在我才感同身受，就算一秒的时间差，我和你可能就会人各天涯，所以，我一边哭一边催促着司机师傅把车子开得再快一点儿，就算路上发生了一起严重的车祸，我也无心去看一眼。

可是，人生真残忍啊。

当时的我和你，不过一个回头的距离，只要我一回头，就能看见你。可是，我们就像秋风与落叶，我匆忙地刮过，你慢慢地飘落。

那起车祸现场，被严重损坏的计程车里坐着的不是别人，而是不顾一切朝我奔来的你。

10

这是我们最后的结局。

曾经我不信命，现在我信了，命不由己，你我都得屈服于它。我告诉自己，我会好好记住你的疼爱，你的温柔，就算走过荒芜的沙丘，我也能忍住，不哭。

可是，有一天，当我站在有阳光照进的窗口，抱着你送给我的娃娃，轰然倒在了冰凉的地板上，我倦在那里，梦回那个下着雨的九月，我是真的难过得哭了。

时至今日，我才知道，那个娃娃是个录音娃娃。曾经我冲动地给你发过一条短信，问你到底有没有爱过我？你没回我，可是，你却把答案录进了娃娃里。

那是很短很痛的一句话——"爱，很爱。"

如果这个世界只剩我和你

寒飞飞

1

2010年的夏天,我们家发生了一件普天同庆的大事:我沈珧在中考时人品爆发考上了市一中。

收到录取通知后,我抱着这张薄纸在老爸的镜头下摆了无数个pose,连QQ昵称都改成了沈一中。

在我的观念里,学生分为三种:一种是高智商的天才型学生,一种是具有拼命三郎气质的努力型学生,剩下的一种就是像我这样的差不多型学生,既没有高到惊人的IQ也没有头悬梁锥刺股的奋发主义精神,只要差不多就行。

老爸老妈还就我到底要不要去一中读书召开了一次家庭会议,他们担心我适应不了那里的学习环境。本来我也有所顾虑，但在得知一中的择校费高达五万的时候，果断做了决定：绝对不能浪费了那五万块，再说了，我甩甩头，虽然本人离天才还有段不小的距离，也不够勤奋，但我对自己的智商还是有那么一点儿信心的。

其实一中的学习生活并没有我想的那么痛苦，老师和同学还是很友爱的，尤其在我收获宋启绘这个闺密后，越发觉得自己做了正确的选择，即使她就是我平日羡慕嫉妒恨并别扭到不想与之为伍的天才型学生。

开学的第一天，我和宋启绘就迅速勾搭成双，在世界友谊之林种下了一棵名叫"沈宋"的小树。后来得知她就是我们市的中考状元后，我惊呆了。这个和我一见如故相见恨晚的人居然还是个学霸？！我表达了我的疑惑。但是在目睹了她在分分钟之内搞定数学老师发下来的据说是难倒众多尖子生的而我连意思都没能弄懂的题后，我就彻底折服了。

2

结束又一个令人昏昏欲睡的早读后，我打着哈欠看了眼正趴在桌上呼呼大睡的宋启绘，叹了口气。和天才做朋友果然是要付出代价的，比如会经常受刺激。

期中考试惨不忍睹的成绩让班主任把我提溜到了第一排，我虽然不愿意，但在老班的黑脸下也只能撇撇嘴遵命,唯一让我感到安慰的是宋启绘也够义气地随着我搬到了第一排。

根据学校传统,高一楼被称为"天堂",高二楼被称为"人间",高三楼则被称为"地狱"。我所在这栋楼的对面正好就是"地狱楼",简称"地狱"。让"地狱"直击"天堂",我觉得校领导很有想法。

因为第一排的地理位置,通过窗户我可以看到"地狱"三层最右边的教室的后窗那儿坐着一个男生,也因为该男生的身高较高,所以即使他坐着我也能在他无意间转头的时候看到他那张如花似玉的脸。好吧,我承认我已经偷窥好久了。经过不懈地观察,我还发现那个男生有时会在窗户边进行晨读,有时会在课间看看窗外的风景。

"沈二珽,看什么呢?"宋启绘又一次在下课时间准时醒来。

"没什么啊。"我忽然有些心虚,连忙把头扭回来作无事状。

"快,老实交代!否则,哼哼,以后数学作业就自己想办法。"刚刚还迷迷糊糊的宋启绘瞬间回到满血状态,清醒速度之快令人咋舌。

"我在看……"话还没说完,宋启绘就抢过话头,"你要跟我说你在看风景,就做好自己写数学作业的打算吧。"

我在鄙视宋启绘威胁我的同时也暗暗唾弃自己,为什么要心虚啊？怎么跟做了贼一样？不是说好了有帅哥一起看吗？

"'地狱'三层最右边的后窗那儿。"按捺住心中的异样又权衡了下利弊，我老实交代，毕竟数学作业真是个老大难。

宋启绘一边向外张望一边嘲笑我的智商，"沈二班，你就没有说谎的资本，窗外就一个草坛子，值得你把眼睛都看直了啊！"

我趴在桌上忽视这丫头的嘲笑，想起来"天堂"和"地狱"之间还真的只有一个花坛，因为校工的疏忽已经很久没有种花了，现在还剩下一堆没来得及处理的杂草。

"他？！"宋启绘忽然尖叫起来。

我的心一颤，"怎么了？你认识？"

"没啊，我就是觉得人家长得帅。"宋启绘一副"我怎么会认得如此帅哥"的表情。

我的心跳渐渐平稳下来。

"沈小妞，你喜欢上人家了？"宋启绘突然贼笑着说，"你都不知道，你刚刚的表情有多失望，啧啧，你肯定喜欢上人家了。"

我没有说话，我在思考，然后我觉得这丫头说对了。

3

作为损友，宋启绘极力怂恿我去表白，还信誓旦旦地保证会给我弄到那个男生的所有信息，我把头摇得像拨浪鼓。

宋启绘又热情地表示她可以替我去表白，还一副马上就要冲出教室的架势，我恶狠狠地盯着她，"不许去！你要是去了，就别想我抄你的数学作业！"

"……"

按照常例，我们班每两个星期会换一次座位，由于我对这个位子的感情产生了质的飞跃，我不想换走了。于是我主动找到班主任，首先感谢了老师的悉心安排，然后表示坐在第一排我的学习积极性得到了很大的提高并希望就此安营驻扎。"老班"同志当即被感动并表示愿意提供一切条件让我更好地学习，一切为了学生！为了使我的话有说服力，从来不晓得勤奋为何物的我，开启了学霸模式。

宋启绘摸着下巴看着我的黑眼圈点点头说："爱情果然是能激励人的东西！"我用困得睁不开的双眼望了眼第三层"地狱"，一切为了男人！

让我倍感欣慰的是，那个男生也一直没有换过座位。

夏去冬来，期末考试在男生换上羽绒服后的第三个星期到来，经过令人发指的考试后，寒假来临了。

放假的那天，我一边叹气一边收拾书本。

"怎么了？放假还不开心？是不是舍不得帅哥啊？"宋启绘坐在课桌上晃悠着长腿调侃道。

"一半一半。"我撇撇嘴抖抖手里的成绩单，绝对不承认即将一个月见不到那个男生的事实比数学分数更让我沮丧。

"沈二玭，这可不是你的风格，要自信！"

我点点头，对，要自信！于是我振臂一呼："帅哥和数学分数都会有的！"

然后我看到宋启绘的表情扭曲了，我忽然有了种不祥的预感，缓慢地转过身，班主任绿着脸站在我身后。

我的天啊！

忘乎所以的结果就是，班主任给我上了一堂长达三个小时的政治课，此期间我计算到他共起身倒了七次水去了四次厕所。最后我痛心疾首地表示，数学分数可以有，必须有，没有也要有！帅哥不能有，必须不能有，有也不能有！进行了深刻的自我批评后，我带着班主任倾情奉献的三本数学习题沉痛地走出了办公室。

4

只是到寒假快要结束的时候，那三本数学习题和原来并没有本质的区别，依旧是雪白一片，而我新买的那本日记本却已经被填满。

有些不是滋味的寒假终于过去了！

正月十五那天晚上，我兴奋无比地背着书包去学校。积极的模样让老爸老妈疑惑的同时也深感欣慰，我心虚地挥挥手跟他们告别。

嘿嘿，马上就能见到他了，我拼命扯回快咧到后脑勺的嘴角。

可是生活总会在你开心的时候给你一瓢冷水。我盯着地狱看了一个晚上，把脖子都扭歪了也没能看到那个我思念了一个月的身影。

第二天，第三天……依然没有见到他，失落就像洪水一般向我袭来。宋启绘贡献了无数个笑话，我还是闷闷不乐。

终于有一天，他出现了。我心满意足地看着那个身影，沉浸在喜悦中的我完全没有意识到偷窥早已变成了大刺刺地观赏。

见不到时会想念会失落，看到了比吃了大力丸还给力，我想我真的沦陷了。

"你真的不去打听打听人家吗？说不定人家也正好看上你了呢？"宋启绘又在怂恿我去表白。

我摇摇头，不仅因为他马上就要高考了，还因为害怕被拒绝。

很快，那一年的高考如期而至。两天的考试，我在家坐立难安。

之后我就再也没有见过那个男生了，对面的"地狱"也只有偶尔几个来玩闹的学生和收拾教室的校工，可我依旧改不了扭头看那扇窗户的习惯。

那天，我又一次不自觉地望向那个窗户。因为长时间没有人清洗，窗户上已经有了厚厚的一层灰，里面的桌椅也看得不太清楚了。看着脏兮兮的窗户，我的鼻子开始发酸，眼泪也一滴滴地砸在桌上。

"二琊，你别哭啊。"宋启绘轻声劝我。

"我难受……宋二绘，他根本就不知道我是谁，更不会喜欢我……"

"胡说，谁说他不喜欢你……"

我抬头看她，什么意思？

"呃，我是说，那个……你是女的，他，他还是有可能喜欢你的嘛……"

我苦笑，怎么会有这种不切实际的期待。胡乱地抹了把脸，我对宋启绘说："我决定了，我要忘了他！"

宋启绘张了张嘴，想说什么却没说出口，只是拍了拍我的背。

5

然而，接下来的事情让我知道了什么叫作人算不如天算，也让我明白了再坚硬的誓言在碰到心底最柔软的东西时也会像马其诺防线一样不堪一击。

一个星期后的一天。

我瞪大眼睛看着旁边队伍里的那个男生，觉得嘈杂万分的食堂顷刻间安静了下来，周围的人群和桌椅都像潮水般退去，我的世界里只剩下他。

这是我第一次如此近距离地看那个男生，在同一个空间里，我忘记了矜持，呆呆地将他从头打量到脚又贪婪地把视线定格在他脸上。

也许是我的视线太过热切，那个男生注意到了我还冲我笑了一下，惊得我手里的餐具"砰"地掉在地上。我的动静使得男生嘴角上扬的弧度越发大了。我只觉得脸一热，再顾不得地上的餐具拉着宋启绘就跑，和风声一起传入耳朵的还有宋启绘的怒吼："沈二琎，我还没吃饭呢！"

人人都说，坚持就是胜利。但是我一直认为，想要达到最终的胜利光靠坚持是不够的，还需要良好的外部条件支持。就好比一个立志戒烟的人在即将迎来成功的关键时刻，别人又主动给他递了一支烟，要知道黎明前是最黑暗的时刻，于是他没有抵制住诱惑接下了那支烟，然后一下回到了戒烟前。

我就是这样的感觉，自从上次哭过之后我就克制自己不要去想他，一个星期下来好像也小有成效。可是那天从食堂出来后,我就异常清楚地知道,之前的努力全都白费了。我戒不了"烟"了。

时间像一匹小马"嘚嘚"地往前赶,暑往寒来,我的高三也来了,当年的"天堂"也变成了"地狱"。

很多东西都会随着时间的推移而褪色,但是我脑海中的那张脸却并没有被时间抹去痕迹,线条明朗表情生动,想要模糊一点儿都不能够。我虽无奈但也只能接受这个事实,我还是喜欢他。

渐渐地,班里开始弥漫起一股紧张的气氛,大家都在压抑也都在拼命。我虽然不爱学习,但在高三面前也只能俯首称臣,只是在紧张的学习之余,我还是会在日记中添上几笔。

宋启绘不喜欢班里的氛围申请了回家复习,还告诉我她堂哥本来也是在家复习的,但为了一个女生留在了学校。我表达了对该女生的羡慕和对她堂哥的赞美后,挥挥手送走了宋启绘。只是临走时宋启绘脸上古怪的笑容我没有懂也没有时间琢磨,我得去学数学。

一直以来,数学都是让我觉得生活不美好的一个重大原因,凭借着不太低的智商和努力,我的语文、英语、理综都能拿到一个不错的分数,可数学就是不行,哪怕有全市第一的宋天才给我开小灶也不行。每天我面对密密麻麻的数学题都能急得哭出来,可是哭完之后还得继续做题,然后再急哭,如此循环,才一个月的时间我就开始急剧的消瘦。

一天，宋启绘跑到学校一脸兴奋外加神秘兮兮地递给我一个笔记本，"喏，拿去。"

我接过来，"什么东西？"

"你自己看！"

我疑惑地翻开，是数学笔记。笔记内容非常详细，重点的难懂的地方还用好几种颜色的笔做了标注，每个知识点后面还配上了典型例题，还有作者根据经验列出的可能会考的题型，甚至还贴心地准备了放松的小笑话，简直比辅导材料还辅导材料！

"这是我哥给我的，不过你也知道本天才怎么可能需要这个，赏给你了！"

我激动地抱住宋启绘，"宋二绘，我谢谢你！我谢谢你哥！我谢谢你全家！"连我这个数学白痴都能感受到那本数学笔记的光辉，绝对是好货！

6

偶尔宋启绘也会问我还喜不喜欢他。

我说喜欢。

每当这时，宋启绘就会不遗余力地表达自己的不理解，怎么会呢？明明两年来没有见过一次，明明没有过任何交流，明明不知道他姓甚名谁家住何方……

我也有些无奈，三年了，喜欢和思念似乎已经成了一种习惯。只是新生来了后，我就申请换了座位也很少往那个方向张望了。

高考的那两天一直在下雨，我记得前年高考的时候也是在下雨。

考试结束后，我没了复习时想要烧掉数学书的冲动，反而把那些书都整理好放在了书架上，不清楚是怎样的心情，有解放有欢乐，还有更多的怅然若失。

因为有了那本数学笔记的帮助，我的数学拿到了一个非常漂亮的分数，于是总分也非常可观。宋启绘则是一如既往地优秀，时隔三年依旧是我们市的状元。

知道我的高考成绩后，老爸老妈非常高兴，我从来没见他们这么高兴过。我看着他们不停地打电话给各位亲朋好友报喜，听着他们透着喜悦的声音，突然觉得很幸福。老沈同志甚至还模仿我三年前给自己改的昵称叫我沈重点，我笑眯眯地答应，后悔自己为什么没有早懂事一点儿。

填高考志愿时，我选择了北方的学校T大作为第一志愿，剩下的三个志愿也全填在了北方。因为从小一直生活在江南水乡，我对塞外漠北的生活一直有着莫名的向往，去北方读大学也算是给自己圆一个梦。

没有高考压力的暑假非常清闲。三个月里我做的最多的事情就是翻看这三年里记下的日记，总觉得自己该做些什么却无从下手，有一种深深的无力感。

有人说，篆刻最大的艺术技巧在于留白，而我的空白不需要技巧，因为都是空白。有时候，我也会怀疑这三年的喜欢会不会就只是一场梦，日记本里的那些是我梦中的呓语，因为除了这些就真的只剩下空白了。这些空白就像黑洞，我怕身陷其中却又一点点被它吸引，想要抗拒却又力不从心。

离家的前一天，我把日记本封好放在床底，同这三年的感情做了告别。明天就要离开了，不能站在他站过的土地上，不能和他在同一个城市呼吸，更不可能再见到他，一切的一切都是不可能。

我以为此时老天会应景地下点儿雨来配合我的心情，可是安静的夏夜连风都没有。

躺在火车的床铺上，我给宋启绘发了条短信，告诉她我要忘了过去，要在新的地方开始新的生活。宋启绘却告诉我，有缘千里来相会，还附加了一个坏笑的表情。我瞪了瞪手机，突然觉得有些烦躁。

7

火车晃荡了一夜，终于在清晨到达了T市。刚出站就看到红色的T大校车非常显眼地停在一边，旁边还有许多穿着志愿者服装的学生。我径直朝校车走去，只是走到一半便再也走不动了。

那个男生正向我走来，嘴角是我温习了无数次的弧度。

"沈珬，是吗？"他停在了我面前。

我看着他胸前"T大志愿者"字样，机械地点点头。

"你好，我是宋启墨。"

宋启墨？怎么这么熟悉？

电光石火间我想起了些什么，心跳也瞬间快了起来。我听见自己有些发抖的声音问："你……和宋启绘……是……"有些呼之欲出的答案，我却不敢去想。

"绘绘是我堂妹。"

我没有说话，不知道该说些什么。

宋启墨向我伸出手，"走，我带你去学校。"

"是，我想的那样吗？"我没有理会他伸出的手只是看着他的眼睛，问得有些艰难。

"对不起，让你等了三年。"

"是不是？"我固执地想要他清楚的说出口。

"是。"

"……"

怪不得当初我想要忘记他的时候，他总能适时地出现；怪不得每次说到他时，宋启绘经常会欲言又止；怪不得填志愿时，宋启绘奋力推荐T大；怪不得宋启绘会说什么有缘千里来相会……

感觉有什么东西在心里膨胀,一直扩散到眼睛,我才知道我哭了。

宋启墨还是保持着伸手的姿势,脸上带着笑,可我却从他的笑容中看到了紧张,甚至他的眼睛里也有了些湿意。

我想我真是活该被宋启绘嘲笑智商低,居然被这对兄妹忽悠了近三年,可是在最初的错愕和愤怒之后,只剩下满心的喜悦……

原来,他害怕我会真的放弃他,特意中断毕业旅行回到学校来给我"加强印象";原来因为女生改变复习地点的人是他;原来那本数学笔记就是他专门为我写的;原来他和我一样,透过一扇窗户就喜欢上了那个窗户后边的人……只是即使他知道那个人也同样喜欢自己也要等到对的时间才会说出口。

我怎么可能放开一个我喜欢了多年并且也喜欢我的优秀男生,我伸出手,把手放进他的手心里。那一刻,泪水和着阳光,我抬头看到彩虹出现在天空。

等风吹净沙

全世界都听得见你说爱我

陌 忆

1

七岁之前,如果有街坊邻居问我喜不喜欢妈妈老艾,我肯定会抓着老艾的衣角拼命点头说喜欢。可是在七岁后有人问我同样的问题,我就会低着头,踢着脚下的小碎石,咬唇沉默不语。

这个转变是因为邻居一个叫江尘的男孩儿对我说:"你妈就是被你爸抛弃的,而你妈留下你就是为了要折磨你报复你爸。"

江尘当时也就大我一岁,我不知道他为什么知道这些事,也不知道为什么我爸抛弃老艾,老艾就要折磨我。我只清楚在我的印象里,没有"爸爸"这个名词,只有老艾一个人陪在我身边，给我做饭，为我穿衣，把我那乱蓬蓬的齐肩碎发扎成两个可爱的小辫子，买许多小零食塞在我的小熊维尼书包里，乐呵呵地牵着我去上学。我一直以为我的生命里只有老艾。可是江尘说，我是有爸爸的。

老艾是疼我的，她虽然靠卖烧烤挣点儿微薄的生活费，可老艾买给我的东西都是我最喜欢的。但这不代表我不在意江尘说的话。小孩子的心思永远是微妙而透彻的，一旦有点儿事，怎么也藏不住。所以当我问爸爸去了哪里时，老艾突然就泪眼蒙眬，咿咿呀呀地挥着双手。当她的手掌心要摸我脑袋时，我微有些赌气把头一偏，老艾的手掌心便僵在了半空中。

我赌气老艾不能给我一个答案。可我怎么就忘了，老艾是个哑巴呢？她根本就无法回答我的话。

也许就是从那时开始，我不太爱亲近老艾了，她卖完烧烤回来我不再兴冲冲地跑去抱住她，亲她的脸，也不经常对她说发生在班里的趣事了，老艾只是一如既往地对我呵呵地笑。

我其实不讨厌老艾的，我只是难过，为什么老艾不会说话，为什么我没有爸爸。这种感觉让我很苦恼也很伤心，所以我常常跑去江尘家，他有一个帅气的爸爸，还有一个温柔体贴会做小甜点的妈妈，他们都会对我和善地微笑。我甚至觉得可以在他们家找到缺失已久的归属感。

2

时间永远以一种排山倒海之势风风火火地向前奔着，就像抓不住的风，来不及挽留。慢慢地，昔日的街道变宽了，路口的老交警换成了一个英俊的小伙子，邻居的大学生如今也该谈婚论嫁了。

老艾的烧烤摊变大了，种类变多了；江尘身高比我高了好多；而我也蓄起了长发。

我在离家不远的一所中学读书，其实依我的成绩我可以到更好的学校，可是因为学费的问题，我还是留在了这所中学。老艾以为我是因为怕她承受不起学费才做如此选择的，拉着我的手咿咿呀呀了好久，仿佛说她可以供我读的，哪怕是砸锅卖铁，找人借。但我只是冷眼看她着急的模样。她不会知道，我是怕如果欠她太多，以后还不起。那么，那时她就有更多的理由要我留在她身边了。

江尘也在这所中学，比我高一届。彼时我们俩会一起上学，一起回家。

我偶尔也会像小时候一样跑去江尘家。江妈妈真是一个温柔的女人，她会微笑着问我："若若，今天过得开心吗""若若，如果有什么特别想吃的阿姨做给你吃呀""若若……"我渴望这种嘘寒问暖的方式，我厌烦了每次回家都空荡荡的只有饭桌上摆放着我曾经最喜欢吃的蛋炒饭。

老艾知道我不爱吃冷的东西,所以每次把饭煮好后都用保鲜膜团团包住,再放进保温瓶里。起初我会眼眶红红地小口小口地吃着,因为我想起老艾可能还在烧烤摊上忙着顾不上吃饭。可是慢慢地,习惯一个人后我突然就不喜欢蛋炒饭的味道了。

3

老艾像那些望女成凤的母亲一样,家里的活从来都不让我插手,从我上初中以后也没再带我去烧烤摊,她怕影响我的学习,想让我把所有的精力都放在学习上。而我觉得一切都理所当然,因为我想既然老艾不能给我一个正常的家庭,至少可以还我一个我要的远方,通俗点儿说,这是老艾欠我的。

父母心心相挂的是儿女,他们认为只有他们在的地方才是家;儿女心心念念的是远方,他们认为离开父母才叫长大。

我在老艾眼里是个好孩子,因为每晚我都会等她回来,递给她一杯热茶,一碗热饭,然后放洗澡水。老艾明明回家已是一脸疲倦样,却从不在我面前轻易显示,她满脸笑容,吃完饭还会孩子气地很享受地伸个懒腰,向我跷起大拇指。

我们都习惯伪装，老艾伪装成一个坚强有毅力永远不服输不喊累的伟大母亲，而我伪装成一个爱家恋家疼母亲的贴心"小棉袄"。老艾做的一切都是为了我，我做的一切也是为了我。

我们为对方所付出的一切，从一开始就不平等。

4

有时我会想：我对江尘存有的那么一丁点儿的依恋是因为喜欢他，还是因为他有我得不到并深深羡慕的幸福？可我知道他不喜欢我，因为在初三时江尘交到了一个漂亮的女生，我们班的班花。

班花李蓓会有意无意地在我面前说起江尘，她说到江尘时满脸幸福，甜蜜得可以溺死一只蜜蜂。不过我不讨厌她，因为所有的幸福都是可以拿来炫耀的，至少在你以后悲痛万分时别人知道你也曾幸福过，不至于让人产生一种你从来都不曾幸福的错觉，你就有理由让自己重新振作起来。

李蓓不喜欢我这点我一直都清楚，用她的话说我总喜欢冷着一张脸装清高。而且一向以成绩为傲的李蓓同学已经连续几次排名都跌到我后面了，心里也许不平衡；还有一点，她之前暗恋的少年喜欢我。

少年叫韩旭，爱背黑色单肩包，身影瘦削，有时看到他骑着摩托车从我身旁呼啸而过，隐约可见他不羁的面庞。

我们虽然碰过几次面，不过不曾说过一句话。说韩旭喜欢我，我总觉得是李蓓因为讨厌我而编造的谎言。

自从江尘有了李蓓这个女朋友，放学后我就很识相地不充当电灯泡了。可不知道江尘是在感情方面迟钝还是真的是个仗义的好朋友，他说不放心我一个人回家，还是一起走比较好。而我猜真正的原因是他怕被他妈看到，如果我在，解释起来就方便多了。说白了，我就是一挡箭牌。

5

某天放学后李蓓说想吃烧烤，于是我们便一起去了离学校不远的烧烤街。烧烤的浓烟与食物的香味混杂在一起，有些呛鼻，地上还有很多纸屑、垃圾，老板的吆喝声和人们的说话谈笑声把炎热的天气推到一个高潮。李蓓拖着江尘的手臂兴冲冲在烧烤摊上流连。

"安若，"江尘说道，"你妈不是在这附近卖烧烤吗？要不我们去那里吃吧，这肥水也不流外人田对吧？钱当然也要给熟悉的人赚。"

我好想说江尘你真伟大真无私呀，我好想说江尘你就是一三好少年呀，我好想说江尘我感谢你祖宗十八代给了你一颗玲珑剔透闪闪发光的善心呀，我好想说江尘你就一滥好人。

我微微勾起唇角，"江尘，你也太拿自己当一回事了吧？就几只烧烤，能赚几块钱呀？说不定你是想吃霸王餐呢？有本事你就把它全包了！"我有些刻薄地说出这些话，不知是因为江尘当着李蓓的面还是因为自卑在作祟。

自卑？我被这个词吓了一跳！难道在我眼里，老艾在这种地方卖烧烤会让我觉得难堪吗？

江尘被我的话说得一愣，他应该不清楚我为什么生气。而我也琢磨不透，我这是在闹哪样。

"欸，安若，你妈妈是卖烧烤的？怪不得你对这些垃圾食品从不感冒呢，原来是吃厌了呀？"李蓓轻飘飘的语气像是有些不屑。

我目不转睛地看着前方的某一点。我没那么矫情，不会因别人一句难听的话就难过。嘴长在别人脸上，不喜欢听当成耳旁风就行了。

我们最后还是去了老艾的烧烤摊，离烧烤摊还有几步的时候，就看到老艾拉着一个人不停比画着。那男人有些不耐烦，甩了甩老艾抓住他衣袖的手。老艾似乎怕一松手他就会逃走，硬扯着不让他离开，口里发出咿咿呀呀的碎音。摊前有几个人坐着，不过都没有理他们。我看着老艾满脸通红，张着嘴却发不出声音，有些滑稽的样子，看着陌生男人一脸鄙夷不耐烦的样子，看着那些吃烧烤穿着和我同样校服的学生一副看热闹的样子……脚步就像被定住了一般，再也无法踏出半步。

江尘首先冲了上去，李蓓看了我一眼后也跟上去。我看见老艾像看到救星般猛然放大的瞳孔，随后是江尘直着脖子对那男人吼了几声，李蓓也好像说了几句话。最后那男人骂骂咧咧地丢一张人民币在江尘身上，走过我身旁时，我清楚地听到他嘀咕道："一个哑巴做什么破生意呀？像个疯子！"

我双手握紧，却始终没勇气上前给他一巴掌，我连过去帮老艾讨钱的勇气都没有呢。是的，你们可以鄙视我嘲笑我，我就是怕丢脸！我直直地站在原地，看到老艾舒缓的神色，心似乎被什么东西撞了一下，微微地疼。原来在我看不到的地方，老艾是这样为生活而忍受的。

老艾那天很高兴，因为自从上初中后我第一次来这地方，她拉着我比画着问我饿不饿，想不想吃点儿什么，这里空气不好，回家去吧……我偏头，躲开老艾的笑脸，刚好看见江尘若有所思的面容。

"安若，你是不是讨厌你妈妈呀？"回家路上，江尘这样问我。

我微怔，继而问他："你还记得小时候对我说的那句话吗？"

"小时候？我们说过很多话，我怎么可能都记得呢？"

我无奈一笑。是呀，都过去好些年了，可我却始终记着他说老艾爱我是为了报复我爸的话。

江尘突然认真对我说道:"安若,你妈妈那么不容易。刚才那个男人就是欺负你妈妈不会说话,所以吃完后就想走人。这种事肯定不是第一次发生,可她为了你为了生活硬是生出一股蛮劲来对抗。她对你那么好,可我为什么总觉得你一点儿都不开心呢?"

是呀,为什么我要那么贪心呢?总渴望得到更多的温暖。为什么我对老艾那么不公平呢?我想我是个坏小孩儿,一个只想索取却不懂得付出的自私鬼。

6

我是在某个日落西山、天边有一抹美到令人窒息的晚霞的傍晚碰到韩旭的。那天刚好该我值日,江尘和李蓓先回家了。看着他们牵手离开的背影,我不禁微微一笑,他们两个看起来挺般配的。

刚走出校门外,就看到韩旭靠在摩托车旁对我打了个大大的招呼,他笑起来有些孩子气,"嘿,安若。"

我抬头望向他,霞光下他的脸庞被打下温暖的轮廓,少年的面貌像是被光滤过了一般,在我眼里愈发清晰。我眯眼,说:"呀,你不是那个喜欢我的男生吗?"

韩旭明显一愣,他应该没想到一向安静内敛的我也会说出这么一句话。随后微笑着向我走来,伸手很自然地拿过我的书包,说道:"我就是来接我女朋友的,你看我多尽职,是不是很感动?"

啧,脸皮也够厚的。

过后我曾问他为什么要对李蓓说他喜欢我。他的理由是这样的:"因为那天李蓓要向我告白时我们正好站在年级成绩排名榜下,我不喜欢她想要找个理由拒绝,抬头正好看到你的名字挂在最前,所以随口一念说我喜欢安若,就这样。"

我黑脸,又被当一回挡箭牌。我说:"韩旭,去死。"

他笑嘻嘻地凑近我,"哎呀,那我可爱的小若若怎么办?"

我直接就把英语书砸在他头上了。

那时我已初三,江尘考上了一所不错的中学。我也想和他考同一所高中,因为那高中离家有一段很长的距离,我终于可以离开这里了。

李蓓拼命地埋入题海,她也想和江尘考同一个高中。我倒没整天把自己埋在书本里,很多时候还是坐在韩旭的摩托车后座上让他带着我去兜风。

韩旭说:"安若,你别不开心,爱微笑的女孩儿笑起来旁人也会觉得温暖的,何况你还有个那么好的妈妈。"韩旭说这些话时一直扬着头,他说,"安若,不管生活给了我们什么,愿不愿意接受都要微笑着收下,因为很多人都说，听话的孩子才有糖吃。"

我说我不爱吃糖怕有蛀牙，然后看向韩旭，湿了眼眶。

7

老艾渐渐不去烧烤摊了，因为我就要中考了。她不能像别的母亲一样念念叨叨，所以她就变着花样做些富有营养的东西给我吃，晚上我不睡她就陪着我，怕看电视影响我，就一个人干坐在沙发上。有时我出来上厕所，偶尔会看见她在打瞌睡，头一点一点垂下，有点儿孩子样；更多时候，是一听到我的脚步声她就立即跑到我身边，比着手语问我需要什么。

只有这个时候我才会觉得，我欠了老艾很多东西。

中考将近，学校里传出一条消息：初三（1）班的安若跟初三（4）班的韩旭在交往。

班主任对这事很重视，委婉地对我说了一番话后又跟老艾交代了一下。

老艾听后很激动，她可能没想到我会谈恋爱，拉着我要去跟老师解释清楚或者找韩旭谈谈。我冷笑着推开她的手，说你这个样子怎么跟他们谈。

老艾手一松，怔怔地看着我。

我说我谈恋爱怎么了？又不是杀人放火！

老艾显然不听我说的话，又要过来拉我的手，我吼道："你烦不烦呀？如果这是我的幸福，我不会让任何人来摧毁它的，任何人都不行。"

老艾立在原地，愣了愣，然后在我面前比起了手语，又咿咿呀呀地说了些什么。

我的脾气就是在这时爆发的，因为我长久不跟老艾亲近的原因还有一个，就是她不能像个正常的母亲一样对我说话，而且也许是因为这个原因爸爸才不要她，我才没爸爸的。

所以我的怨气全都撒在了老艾身上，声音也无比尖锐冷硬。我说："你得不到幸福凭什么也要我跟你一样？难道你爱的人抛弃了你我也不能有喜欢的人吗？难道你想要我跟你一样守着一座房子空着一颗心过一辈子吗？难道因为我父亲抛弃了你，你就要报复在我身上吗？你要怨就怨你是个哑巴！"

她突然就哭了，像个孩子似的，不知所措，就像小时候我问她爸爸去了哪里一样。泪水在她脸上肆虐着，她跑过来紧紧抱住我，瘦小的身体不停地颤抖，她拼命地对我摇头，口里发出模糊不清的字眼。可我硬是推开她，然后跑进房间大声哭泣。我想我终于可以离开这里了，我不会再怕老艾的报复了。

8

我顺利地拿到了一中——那所离家很远的学校的录取通知书。

韩旭说他要去C城的一所职业中学读书。他说:"安若,我要是不在你身边的话,你可千万别移情别恋啊。"

我说:"好。"

他说:"安若,我放假的话就去找你,你放假的话就来看看我,我们要在一起。"

我说:"好。"

他说:"安若,你喜欢我吗?"

我说:"喜欢。"

然后我看到他的微笑,带有一丝腼腆羞涩。他说:"安若,我很喜欢你的笑容,你能不能别难过?"

我其实想对韩旭说:"你知道吗?我伤害了一个很爱我的人,我也许再也不会微笑了。"可是最后,我还是对他说:"好。韩旭你也要快乐幸福。"

老艾在那之后变沉默了,沉默地帮我收拾行李,沉默地送我到火车站,沉默得宛如一座雕塑般静静站在我离开的地方……

江尘说:"安若,你知道吗?你妈那次看你头也不回地离开时一下子就蹲在月台上哭了。连我妈都说你这孩子怎么能那样狠心。"

他说："安若，你知道吗？我听我妈说，你们家在你还很小时半夜起了场大火。你爸为了救你和你妈被大火包围，还一个劲嚷着快带若若走。你妈抱着啼哭不止的你，回头想喊你爸爸，结果被一口浓烟呛住，差点儿呼吸不过来。因为你的哭声，你妈妈醒过来把你紧紧抱在怀里救了出来，过后发现自己发出的声音很破碎。但那时因为刚失去你爸爸，你还那么小，生活窘迫，所以她放弃了治疗，之后就再也发不出完整的音节了。"

江尘说："安若，你知道吗？你多幸福。谁都知道你有个那么爱你的妈妈，可你为什么就不满足？"

我在那一瞬间觉得世界上所有的一切都静止了，我没哭，甚至很冷静地质问江尘："你又骗我的对吧？小时候你说我妈是因为被我爸抛弃了，留下我是想要折磨我报复我爸。"

江尘愣了半会儿，有些啼笑皆非地反问我："安若，我怎么不记得我说过这话了？就算说过，那这些年下来，你妈怎么对你的，你还不清楚吗？"

我的泪就是在那一刻掉了下来，我在那一刻疯狂地想念老艾，我想她笑起来弯弯的眉眼。

那天晚上我打了个电话给老艾，电话刚响一声就被接了起来。我忍住眼底的潮湿，我想电话那头有个人等我好久好久了。

我叫了一声妈,然后突然不知道该说些什么,踌躇了好一会儿,我才静静说道:"妈,放假我回家好不好?"

等风吹净沙

林 文

接到许安安电话的那一刻,我有些恍惚,几乎以为自己看错了。两年来不曾在我手机上闪烁的名字,伴着急促的铃声和阿狸的头像突兀地闪进了我的视线。

手机一直响着,我心里犹豫不决。时隔两年再接她的电话,对我来说,实在是一种挑战。我盯着手机上的号码看了足有三十秒,熟悉的数字在过去的七百多个日子已经被时间慢慢蒸发淡化,如今已经变得无比陌生了。

铃声停止,对方挂断了手机。屏幕亮了一会儿,回到了主界面,最终显示为陌生人的未接来电。忍住拨回去的冲动,我颓然放下手机。口中却不由自主地叫出那个人的名字:"许安安。"

1

许安安曾经问过我："什么是闺密？"当时我觉得她无聊就没搭理她。于是，她一边恶心地狂笑一边用抄袭的张爱玲的话解释给我听："闺密就是你于千万人之中，遇见你要遇见的女孩儿。"许安安痴迷张爱玲到癫狂的地步，每日耳濡目染之下，我被迫将这句话记得死死的。

我想，许安安就是我于千万人之中遇见的那个女孩儿。

第一次见她是在高一开学的班会上。班主任站在台上首先做自我介绍："各位同学，很高兴能在新的学期和你们见面，我将是你们未来三年的班主任。我叫林之！"

"林平之？"台下忽然有人叫了一声，全班同学哄的一声笑了。我一边捂着嘴，一边偷看班主任的反应。遇到这种嘲笑，他脸该气绿了吧！

出乎意料，班主任并没有生气，反倒是好脾气地笑笑，"每次接高一新生的时候，都会遇到这种情况，鉴于金庸老先生的大作，大家对我的名字格外敏感些。这位同学会误会，也在我意料之中。没关系，是哪位同学说的，站起来，我再为你做一次自我介绍。"

台下的目光刷地一下集中到我这里，我的脸噌地红了。刚想开口说不是我，身后就有一个微弱的声音传来：

"是我说的，老师。"

我回头看，身后靠窗的位子上坐着一个女生，唇红齿白的，长得很漂亮。此刻，被全班关注的她脸色绯红，更显娇羞。

眼见是个美女，班里的男生不由得发出"哦哦"的声音，惹得那个女生更加脸红，头几乎低到座位下面去了。

班主任大概没想到会是个漂亮女生，依然和蔼地笑着，"原来还是个女生啊！我以为是哪个男生恶作剧呢！想你也不是故意的，我再说一遍，可要听好了，我叫林之，不是林平之。"

"灵芝？千年灵芝？"女孩儿小声地问道。

教室里忽然安静了，片刻后，同学们都仰头哈哈大笑起来，笑声较之前有过之而无不及。伴随着笑声，我回头再去看那个女孩儿，她微低着的脸上，嘴角上扬，同样勾着一抹肆意的笑容。

这个女孩儿便是许安安。

2

本以为那天之后，班主任肯定会非常讨厌许安安，毕竟没有谁能在别人当众戏弄自己之后还能对其和颜悦色，更何况，嘲弄自己的还是自己班上的学生。

然而，我想错了。班主任非但没有讨厌许安安，反而对她出奇地优待。平日的嘘寒问暖就不说了，把她叫到办公室私下为她授课讲题更是家常便饭。我十分不解，对这样一个可以说是问题少女的学生，班主任哪来的这么好的度量。难道真是教师的道德操守使然？

一个月后，我得到了答案。

开学后的一个月，按照惯例，是要进行摸底考试的。考场设置是根据入学成绩来划分的，每个考场二十人，按成绩排座位，许安安在第一考场的第五座位。我终于明白了，班主任对许安安的区别对待完全是因为她出色的成绩，校排名第五的成绩足够让他能够培养出一个考入名校的学生，也最有潜力成为他教学生涯中的又一枚硕果。

月考成绩出来，许安安果然没让班主任失望，入学考试排名全校第五的她居然还上升了两个名次，荣升全校第三。她的答卷被班主任复印出来贴在公示栏上，娟秀的字迹、干净的卷面被来往的同学不停地称赞。许安安的座位也被一帮好学的女生围住，个个都拿着试卷不停地向她请教问题。

我坐在座位上，瞅着试卷上让人难以接受的分数。失望和自卑奔涌而至，压住向许安安求助的念头。下唇被自己咬得生疼，我不由地转头去看许安安，幻想着这一刻，她会感受到我的目光能够走过来。

然而，这一切并没有发生，所有的一切都是一个差生对一个优生的幻想，希冀能够得到帮助的愿望，从来都没有实现。

好强的我因为自卑,在月考结束的一个礼拜都在躲避着许安安。其实也说不上是躲,因为许安安从来没有注意过我,所以对我刻意的远离,她并没有什么感觉。甚至,刚开学一个月,她都不知道班里还有个如此沉默而平凡的我。

等到她真正注意我的时候,她已经是班里新当选的班长了。

3

当上班长的许安安变得更加热心起来,她按照从班主任那里要来的月考成绩单挨个找同学谈话。那一段时间,下午放学后,她并不立刻去吃饭,也不做题看书,反倒是拉着某位同学去操场,说是要进行思想了解。

思想了解?她以为自己是德育老师还是教导主任。真是不自量力,仗着自己成绩好,就可以教训别人了吗?她真是像极了优生一贯的高傲自大。

揣着这种想法,等许安安拉我去操场的时候,我的态度显得无比恶劣。

那天下午五点半,数学老师讲完了练习,准时下课。同学们蜂拥出门,去食堂吃饭,或是骑车赶回家。我课上有几个地方没听懂，准备好好看看再去吃饭。

许安安的声音忽然在耳边响起："程静，你不着急去吃饭吧？"

我以为是好心邀我一起去吃饭的同桌，于是头也没抬，"嗯"了一声，"我等下再去，你们先走吧。"

右臂忽然被人拽住，我惊讶，一抬头看见许安安微笑着的脸。

"既然不着急吃饭，那和我出去一下吧，我有事和你说。"

说完，也不管我愿不愿意，扯着我的胳膊只把我往外拖。她人不大，个子小小，手上的劲儿却出奇的大。我被她拉着，想挣也挣不开，迷迷瞪瞪，被她拖到了操场。

"有什么事？在教室里不能说吗？非要到这儿来。"我有些恼怒，一路被人拉扯的右臂，隐隐作痛。我气恼地揉着胳膊，瞪着许安安。

"这是——"许安安从口袋里掏出一张纸，是月考的成绩单。我见状立刻明白，冷声打断她："你要来分析我的成绩吗？你想用这个来教训我吗？"

许安安大概没想到我会发火，一时间，有些愣怔。我越说越气，指着她道："成绩好了不起吗？成绩好就可以教训别人吗？你想来教育我，我偏不领你的情。"

许安安半张着嘴，似乎想说什么，可是却什么都没说。我怒视着她，她把成绩单递到我面前，"我没有别的意思，我只是想帮你，毕竟我是班长。"

她可怜兮兮地解释，我一时有些心软。的确，许安安这么做是想帮我，只是她的方式和态度伤害了我过于强烈的自尊心。我深吸一口气，平复了一下心情。

许安安见我似乎不那么生气了，才小心翼翼地问我："你是不是讨厌我？"

我一愣，讨厌许安安？说不上。喜欢她？不至于。充其量，只是对她这样优秀的女孩子有些羡慕和嫉妒罢了。

我摇头，"不是，我只是不像其他同学那么喜欢你吧。你不是挺受大家欢迎的吗？也不必在意我的看法吧！"

许安安扑哧一下笑了，她歪着头看我，"你这话听起来，倒像是你在嫉妒我！"谁嫉妒你？我刚想反驳，忽然想到这是事实。难道不是吗？我的确是在嫉妒着她。

许安安见我不说话，收敛了笑意，沉默片刻，忽然开口道："程静，如果我跟你说，我之所以会有这样优秀的成绩是因为我是从高中退学重读的，你会不会不那么讨厌我。"

空气似乎眨眼间静止，我耳边飘来许安安的声音也变得不真实起来。我诧异地瞪大眼睛，几乎要把眼珠都掉出来。刚刚听到的重磅消息，瞬时在我脑中掀起一场狂风。

"什么退学重读？你什么意思？"

许安安神色瞬间黯然起来，她叹了一口气，"其实，我并不是新生。我之前在别的学校念过一年高一，后来，因为一些事退学，重新上初三然后和你们一起考到了这里。"

"你为什么会被退学，明明这么好的成绩？"我心中讶异。

"因为一些乱七八糟的事，你不会喜欢听的，我也不想再提。"许安安笑道，"其实，我原来的成绩也不好，只是比你们多学了一年，多少占些优势罢了。"

我还是有些怀疑，"你不是也十六吗？怎么会比我们高出两届来？"

许安安哈哈大笑，"那是因为，我谎报了年龄啊！要是不骗你们的话，我的旧事不就被你们挖出来了，比你们大两岁，让我的面子往哪搁！"

我哑然。

那天之后，我和许安安的关系亲密了很多。也许是交付了秘密的原因，许安安在我面前，明显自然多了。有时候，在人前，一副有担当有责任的好班长形象，到了我这儿，就成了一个只知道耍赖的小气鬼。男生跟前的娇羞文静也在我面前荡然无存，无数次地当着我的面大呼小叫，半点儿淑女样子都没有。

我成了许安安最亲密的朋友，也成了某些同学艳羡的对象。许安安的美貌早在开学之初就已经传遍全班，经过了月考，她更是被冠上了才貌双全的名头。学校的优秀学生展示栏上,她的照片被贴在第一排。来往的男生经过这里,总是不自觉地瞄上两眼。

高一相较另外两个年级还是轻松许多,不需上课的周末,总是有莫名其妙的男生出现在我们班的窗前。也不找人,也不走,来来回回地逡巡,还不时地探头进去。

我知道,他们都在看许安安。

这些个暗恋者们的来访,许安安丝毫不放在心上,面对各式的热烈的目光,许安安一概冷眼相对,时不时地还会狠狠地瞪回去。

我问她:"为什么不接受?"

她说:"我只想好好读书,不想谈恋爱。"后来,我才知道,许安安之所以会被退学,就是因为两个男生因为她斗殴,导致双双受伤休学。她作为始作俑者,必然在学校里待不下去。

失去了爱情,我以为许安安会分外珍惜友情,我们的友情会这样一直持续下去,比爱情还要长久。可是没想到,高一结束那个暑假,我们便结束了还不到一年的友谊。

4

暑假到来前的最后一场考试,极其重要。因为这关系到高二分班和各种奖励以及先进评比。班主任在考试前宣布，学校要组建实验班，选拔这次考试的年级前三十名学生进入其中。实验班是学校的精英班级，会配备最优秀的老师。班主任鼓励我们，要务必努力考进去。

彼时，在许安安的帮助下，我的成绩有了很大的提升，从早先的两百名开外上升到了年级前二十名。考取实验班，我志在必得。至于许安安，更不用担心了，她从高一开学到现在，成绩从没跌出过前十，最差的一次也是第六名。所以，我们俩都对这次进入实验班信心十足。

即便如此，许安安还是有些担心我，我虽然成绩上升得很快，但由于基础不够扎实，所以成绩总是不够稳定，再加上做题不够细心，卷面也不整洁，许安安担心我会发挥失常。我笑着安慰她，保证一定会通过，她才安心。

临到进考场，许安安嘱咐我要带好准考证件和文具。她说，期末考试不同于其他考试，是严格仿效高考模式的，所以要我务必谨慎。她坚持要检查我的文具包，生怕我漏掉了东西。我笑着推她离开，要她安心。

许安安的举动让我暖心，能被这么一个朋友关心，我着实感到高兴。直到监考老师进了教室，我还咧着嘴笑呢！

开考了，照例是要检查准考证的，监考老师看着证件上的照片和我的脸比对，确定无误后才走开。

我放好证件，正要拿笔的时候，忽然，前面的许安安叫了起来，"我准考证忘带了！"

闻言，我也紧张了起来，不顾有老师在，连忙站起来，问她："你是不是落在教室里了？你好好想想，时间还来得及，你回去拿吧！"

她转头请示监考老师，老师似乎也认得她这个优生，点了点头，放她出去。还不忘嘱咐道，"一定要在开考后十五分钟之内回来，否则你就被取消资格了。"

也不知道许安安听没听到，反正她飞一般地蹿出了教室。我坐在教室里，暗暗为她着急。

时间一分一秒地过去，直到开考发卷她也没回来。又过了大约十分钟，监考老师看了看门外，并没有许安安的踪迹，叹了一口气，关上了门。

许安安没有回来，直到考试结束，考场里也没见她的踪影。监考老师在她空白的答卷上画了一个大大的零，收了起来。

我心一紧，担心她出事，连忙一路飞奔回去，推开教室门，空无一人。

我越发担忧，许安安跑到哪里去了？刚想去寝室找找看，忽然，教室的桌椅动了一下，许安安的头冒了出来。她坐在我的座位上。

我松了一口气，有些不悦地质问她："你在这做什么？怎么不去考试？"

许安安没有我意料中的轻快神色，低着头，声音有些沙哑，"是你拿了我的准考证？"

"什么？"我不明白，她抬起头，把手里的一个笔记本递到我跟前。我一看，是我的笔记本，被打开了，中间赫然夹着一张准考证。

　　我一下子蒙了，突然想起，昨天晚自习结束后，许安安过来给我讲解数学题，离开的时候，把准考证落在了我的桌子上，本想还给她的，可是忍不住想让她着急一下，就顺势夹在了笔记本里。

　　我开口解释："安安，我不是有意的，这是你昨天落在我这儿，我顺手捡起来的。"

　　许安安忽然暴怒起来："顺手捡起来，然后藏在写满我坏话的笔记本里？是这样吗？"

　　我愣愣地看着她，她将笔记本扔到我怀里，我接过来一看，当时就傻了。这页笔记的背面写满了字：许安安很讨厌，许安安是个自私鬼，许安安自以为是……

　　这完全是我的恶作剧。本来想让许安安过生日那天看到，等她生气的时候再说明事实，送上生日礼物的。没想到在这种情况下被她看到了。我连解释的余地都没有，许安安更不会听我的解释。她抢过自己的准考证，跑出了教室。

　　之后的几天，许安安再也没搭理我，每次我想要找机会跟她解释的时候，她都会找借口回避，甚至当众给我难堪。碰了几次壁，我也生气了，不再搭理她。心想着，等考试结束再和她慢慢解释。

最后一场考试，是英语。也许是快要放假的缘故，大家似乎都有些放松，监考老师也不来回地巡视了。当然，第一考场的学生足够优秀，不需要借助抄袭来取得好成绩。监考老师也很放心，因而，听力过后不久，他们便在一前一后寻了空位坐了下来。

离考试结束还有四十分钟，我只剩下英语作文了。看了看周围，大家或在皱眉思索，或在奋笔疾书。下意识地瞥了一眼许安安，惊奇地发现她也在看我。只不过刚一触碰到我的目光便收了回去。我心中好笑，她还是关心我的吗？居然考试的时候还在偷看我。

忽然，一阵手机铃声响起，全班一震，纷纷抬起头来寻找声音的来源。我本能地望向我的上衣口袋，腹部传来的震动声表明，那部手机就在我的身上。

当时我就傻了，呆愣着掏出手机，看着屏幕上的闹钟提醒。十一点闹钟，我从来没设过。监考老师已经走过来了，我抬头看他，他表情严肃而鄙夷，"拿出来吧！"

我几乎要哭出来了，本能地抬头去看许安安，我希望这个时候，有一个人能站出来替我说话。可是，许安安没有回头，在所有人都在看我的时候，她没有回头。我看不见她在干吗，但是，我知道，这一刻，她并没有在做题。

之后的一切可以预见，监考老师没收了我的答卷，判了我作弊，将我驱逐出考场。这场英语，我得了零分。

几天后，我才知道是谁在我手机上动了手脚。是我的同桌，借着近水楼台的便利，他拿了我的手机，设了闹钟然后偷偷放入我的口袋。

我没有怪他，因为他说，这一切都是许安安指使的。他给我看了许安安发给他的短信，事情真相一目了然。

5

期末考试后，我和许安安彻底绝交了。曾经无比珍视的友情在遭遇到质疑和背叛之后已经变得面目全非，再也无法去正视了。

暑假归来，班主任宣布了新的消息，由于有人举报，学校的实验班计划搁浅。那场考试成了一场单纯的期末测试。

我听到这个消息，只觉得悲哀难过。这场考试葬送了我和许安安的友谊，曾经我们为之奋斗的东西成了过眼云烟，心中仿佛压了千斤重秤砣，堵得不得了。

我们绝交后不久，许安安被她爸送去了省一中就读。我则进入了文科班学习。学业日渐加重，我们断了联系。直到高考结束，她也没给我打一个电话分享考试情况。

前不久，我的手机显示有一条新短信，是许安安发来的。她说："下周末我过生日，定了包厢唱歌。你得到场，不来我就灭了你。"

我会心地笑了，熟稔的口气一如从前。我又想起她语文作文里面的一句话,青春像是一条澄澈的溪流,贪玩的我们不小心在里面撒上了沙子。然而,风会不断地吹来,涤净流水,等风吹净了沙子,青春的河依旧会流淌不息。

飘不到远方的云朵

木子李

1

我最喜欢坐的公交车是27路,那辆蓝色大巴载了我一整个青春的梦。

我最喜欢待的地方是一个斑驳了的窗口,窗口边坐着一个男生,他的眼睛里有阳光,我的眼睛里有他。

我最喜欢喝的一种饮料是橘子汽水,酸酸甜甜,永不遇见的味道。

那个眼睛里有阳光的男生,叫远方。我所有的喜欢都与他有关。

27路是他上学必乘的公交车,我每天清晨都要早起一个时辰,绕几条路,以一种"好巧啊"的姿态在站牌下和他遇见。而他，往往只是笑笑。

橘子汽水是远方每次打完球都会喝的水，听说他家是开小型超市的，橘子汽水是他从家里带来的，而我的，是从学校的小卖部买来的。

年少的爱恋总是很简单，做他喜欢做的事，就好像在和他谈恋爱一样甜蜜。

常听有些人说，做人一定不能太贪心，太贪心的人都没有好下场。所以，一直的一直，我都在用自己的方式小心翼翼地喜欢着远方，像原野的风，过境无声。

可远方不喜欢我，他喜欢木棉。

那天下午，我分明看到了远方的背影，他把木棉堵在校门口，将绵软又洁白的棉花糖强硬地塞到木棉的手中。木棉生气地想甩掉，但棉花糖却被风吹歪，白白的，像轻软的云贴到了我的脸上。

我尴尬地用手揭下棉花糖，视线一派清明的时候，远方站到了我的面前，他用着略带抱歉的语气说："云朵，你没事吧？"我伸出舌头舔一口棉花糖，笑嘻嘻地说："哎呀呀，天上掉棉花糖砸到我脸上了！"

"给木棉买的，她不要，你要是喜欢就拿着。"

远方见我没有异样，借花献佛似的哄我开心。我用手肘捅了他一下，提醒他："木棉走了！"他这才想起什么事，连招呼都没打，就转身急急地离开。

那是一条方砖铺就的小路，路边是葳蕤茂密的大树，我站在大树下，看着远方，看着木棉，他们的身影像光点在我的视线中跳跃着，一会儿分离，一会儿融合。

我低下头，又舔了一口棉花糖，有些苦，不似刚才的甜。

那个下午，我想通了一件事，远方喜欢木棉应该是很早的事了，就像我喜欢远方也是很早的事了。只是，远方比我勇敢，你看他多么急切地奔着他的姑娘而去。

而我，只能站在原地，心事重重地吃完那支本不属于我的棉花糖。

2

年少时喜欢一个人，无非只是因为一个心动的瞬间。因为他是学生会的主席，看起来很酷所以喜欢；因为他打篮球流汗的样子很帅，所以喜欢；因为他的字得很好看，所以喜欢；因为他的声音很好听，所以喜欢。

我喜欢远方的原因也很简单：他帮我投了一枚硬币。

在那辆27路公交车上，我气喘吁吁地上了车时，才发现没带钱，就在司机要轰我下去的时候，投币箱里发出清脆的一声响动，"上来吧。"

这是远方对我说的第一句话。

可是我没有说谢谢，什么都没说，因为当我抬起头看见远方的样子时，我的脸就红了。时至今日，我也想不通是怎样的一股悸动让我变成了哑巴。

唯一记得的是,他站在我的身后,我的头刚好顶到他的下巴。车里的空气令人窒息,我抓着扶手的手全是湿湿的汗,在咣当的路途中,他的气息像散发着诱人香气的柚果,很是好闻。

从此,我记住了27路公交车,记住了一个叫远方的男生。

我以数次的"偶遇"和搭讪,和远方熟悉起来。阳光能照到他的地方,就会有我孤单又弱小的身影。你要相信,每个在青春里做梦的女生,她们身上总有一股强大的力量,用着蹩脚的方式去喜欢一个人,譬如我。

只是好景不长,我的那些小秘密很快被我的同桌韩城看穿。有一次,我偷偷待在窗口偷看远方时,一双肉乎乎的爪子登时落在我的肩膀上。我回头,韩城那张大圆脸侵占了我的视线。

"哟,云朵,你这是看上哪家公子了?"

"小点儿声!"我捂着他的嘴巴,生怕坐在窗口的远方发现,将他连拉带拽地弄走。

他则是秉着打破砂锅问到底的精神,一整个下午都在对我进行着摧残。搞到最后,我很不耐烦地回他:"我没有喜欢的人!"

"少来了,我这几天天天观察你,你有事没事总爱往那个窗口跑。别害羞,说出来,哥给你出出主意。"

我是真的恼了,没头没脑地对他吼了一句:"你有本事把你喜欢的人说出来啊!别一副站着说话不腰疼的样子!"

　　韩城愣了一下,小眼睛在愣愣的神态之中也比平时大了一倍,他突然抓住我的肩膀,喉咙上下滑了一下,他说:"云朵,我喜欢你!"

　　我张大嘴巴看着这个死胖子,突然有一种双膝发软要跪下的感觉。但是,我很冷静很温柔地告诉他:"我一直当你是闺密的……"

　　"我都能把你从爷们儿过渡成女人,你也一定能把我从闺密过渡成男人的!"

　　他一边说还一边摇晃我的肩膀,丝毫不考虑我胸膛中枪的感受。我想,我一定要好好地和他谈谈我们是不可能的。可是他张口又给我补了一枪,他说:"云朵,你现在摸摸我的脸,好烫……"

　　我放弃了和他谈谈的想法,浑身一抖,抱头逃走!

3

　　自从被韩城告白,我犹如被吓掉七魂三魄,晚上噩梦不断。那个早上,我像个纸片人挂在公车的倚栏上,打开车窗,我就能被风吹走。

　　站在我身后的远方明显地感觉出我的异样,他问我:

"云朵,你哪里不舒服吗?"

我回头,一张了无血色的脸把他吓了一跳。他紧张地伸手探我额头,是正常的温度,他的视线落在我捂着肚子的手上,眉头微蹙了下,便了然于心。

公交车颠簸,我无力支撑,几欲跌倒,恍惚中,身后一双手抓住了我的臂膀,我虚弱地回头,远方在看着我。许久,他的声音在我的头顶缥缈地响起:"你可以……抓住我。"说完,他把我拉到他的胸口。

我的脸一下子滚烫起来。我努力地呼吸,一而再,再而三,怎奈呼吸都沾上了热气。我抓住他的臂膀,静静地杵在那里。在这片刻的静谧里,我听见了窗口的风声,也听见了远方胸口来回动荡的心跳声。

当时,我执着地认为,远方对我也是有好感的。可是我这荒唐的想法,再次被木棉的出现给打败了。

生活里好像总是会存在这样一种现象,平凡如我一样的女孩儿,总是苦苦地暗恋着干净美好的少年,而少年总是苦苦地追求着对他置之不理的女神,如木棉。

哦,还有韩城,一个本和我最相配、却又被我最瞧不起的大胖子。他也在苦苦暗恋着我。

你看,老天多么公平,他给每一个人喜欢别人的权利,也给每个人被喜欢的机会。只是深爱与伤害,我们常常会选择后者。到底是应了那句话:越是刻骨,越是铭心。甚至为了我们爱而不得的那个人,我们什么都可以为他做。

所以,当我站在光影里,再次看见远方和木棉纠缠不休的时候,我在心里暗自下了一个决心:我要帮远方追木棉。

韩城听到我这个想法,表情变得很奇怪,他说:"圣母不是这么当的。"

我笑,有些许无奈。我不是想当圣母,做出这样的决定我也是有私心的。那份私心就是我可以有大把的时光待在远方的身边,帮他出谋划策。尽管他那绵长无尽的目光里,无关于我。

我并没有单刀直入地问远方怎么喜欢上木棉这件事,我只是像往常一样,在某个清晨,眼神的焦点落在车窗外飞驰倒退的大树上,轻轻地说了句:"远方,木棉不喜欢棉花糖,她喜欢红豆沙冰,要加很多冰的那种。"

远方觉得奇怪,他问我:"你怎么知道?"我告诉他,我经常看见木棉出入学校门口的冷饮店。远方了然地点点头,随后淡淡一语:"谢啦。"

这算是一个起始点吧,我也会认真地问我自己,我真的是为我的那份私心而这么做的吗?

不,不是。没有哪个傻瓜肯把自己喜欢的人拱手相让。我想,我大概是不愿远方像我一样这么辛苦地喜欢一个人,所以,才愿意陪他一起苦着他的苦,快乐着他的快乐。

4

木棉对远方的态度比以前好了些,他坚信那是红豆沙冰的力量。

他很高兴,豪气地拍着我的肩膀说要请我搓一顿,他说他为了木棉煞费了苦心,没想到简单的一杯红豆沙冰就让她笑逐颜开,最大的功臣当属我。

他说这些话的时候,木棉就站在我们的身后。

直到现在我都能记得木棉当时的脸色有多难看,我看着她的眼睛,觉得那份敌意明显是在针对我。她一眼便看穿我对远方的喜欢,卑微的,带着善意的欺骗。

所以,她没说任何一句话,像第一次一样扭头跑掉了。

而远方,也像第一次一样,丢下了我就奔她而去。

我站在那里,揉揉眼睛,觉得我和远方到头了。木棉分明就是喜欢远方的,她的喜欢不比我少,也不比我浅,不然她那愤怒、那嫉妒绝不会来得那样凌厉。

我很知趣地退出了远方的生活圈子。

我孤独地想着他,想他那有阳光的眼睛,想他站在我身后,轻轻落在我发上的呼吸,想他在我落魄之际,投入的那一枚硬币。我多想变成一只鸟,飞落在有他的窗口,看着他到地老天荒。

韩城看我现在的样子，平时话痨的他，也变得很安静。

安静之中，他还不忘安慰我，"云朵，我被你拒绝也没怎样啊，你看你现在，要死不活的，没个人样啦！"

我一听他这么说，嘴巴酸酸地咧开了，接着豆大的泪珠往下掉。

我哽咽着："我只是胸口有点儿闷，有点儿闷。"

我一边说，一边用手捶打着胸口，韩城一看，脑门都急出汗了，他抓住我的手，声音都莫名地高了两度："我看你不是胸口闷，是脑子闷！你怎么就不开窍呢？"

"像你这种没人喜欢的死胖子，怎么会理解我的痛苦！"我一把推开他。

面对我的举动，韩城的神情微微有些发愣，真不知道是我的话伤害了他，还是我那无情的一推。人好像都这么自私，自己不痛快了，连带着身边的知心人都舍得伤害。

可是，那个时候，失去理智的我哪管得了这些。在僵持中，还是韩城软下心来，一言不发地陪着疯疯癫癫的我度过了一下午的时光。

我想，如果时光可以重来，我一定要抬起头来好好看看韩城。

看看他被我伤过之后，眼角那隐忍的泪，究竟掉没掉下来。

5

韩城买了很多漂亮的信纸送给了我,他说他不是一个好的安慰者,所以,我有什么难过的话或者不高兴的事可以写在信纸上,然后折成纸飞机让烦恼都飞走。

当时我还笑他是小说看多了,他则瞪着他那小小的眼睛,很认真地说:"不不不,我是从电影上看来的。"

我没忍住,扑哧笑了。我看着那沓漂亮的信纸,脑子里又冒出了一个大胆的想法:我要给远方飞鸽传书。

自上次木棉撞破我俩合计追她的事之后,我就再也没有见过远方。我执着地认为是我自作聪明,才把远方拉入这样的困局,所以,我就再也不敢厚脸皮地早晨绕几条道,在27路公交车上和他相遇。

不知道他和木棉怎么样了,不管是好是坏,我都决心用间谍的身份,继续帮他。

是的。我将搜集到的木棉的喜好全部写在了信纸上,而韩城则充当了我的送信使者。他握着那封信,凝视了很久,才憋出一句:"云朵,我怎么觉得你这么犯贱。"

他的语气太过认真,实在不像调侃,我不由得鼻酸。他从我的眼睛里捕捉到了难过,话锋一转,"得了,我的好妹子,哥哥就给你跑一趟。"

他笑嘻嘻地把信装进口袋里,然后拖着他那北极熊似的身子，走远了。

当天，韩城就给我送回了远方的来信，远方的信纸没有我的漂亮，那是一张白色纸条，纸条上工工整整地写着五个字："谢谢你，云朵。"

我为着这几个字，高兴得整个下午魂不守舍，我好像又回到当初那种喜欢他的心境，痛并快乐着。自此以后，我找到了新的寄托，那就是写信，那种感觉像在和他面对面讲话。

我写尽了木棉，就开始写岁月静好。而远方，每次都会给我回信。

我在他简短的话语里，时常泪一霎蒙了眼，韩城浑身发毛地说我矫情。我笑中带泪，其实他怎么懂，怎么懂远方的只言片语于我来说，就是一个拥抱的温度。

我像个孩子，贪恋又知足。

远方和木棉的关系比我想象的好，形影不离，亲密无间。那是我在校门口看到的，可我再也没有羡慕嫉妒恨，反而心里一片晴朗，每个人都有自己喜欢的方式，别人是拥有，我和韩城则是祝福。

我祝福远方，韩城祝福我。

可是，当你心里一派清净，想对这个世界说声原谅的时候，命运却早已准备好了更大的泥沼让你陷进去。那是初夏的午后，木棉第一次和我正面交锋。

她站在我面前，手里握着一沓信纸，我看着那熟悉的信纸,知道自己玩完了。

果然,木棉上前一步,把那沓信纸在我眼前一扬,哗哗的,像自尊被撕碎了飞向了空中……我的脸滚烫,听见木棉嘲笑的声音,冷漠得可怕:"你知不知道你现在的行为像个小丑?你明明喜欢着远方却帮他讨好我,你到底安的什么心!"

我本来是难过得想哭,可当她说出那个词——小丑,我却笑了,笑得令自己都发冷。

"我告诉你,远方从来就没有喜欢过你,他只是把你当成一个笑话来看,不然,他也不会把这些信给我看。"木棉的嘴角带着得意的笑。

最毒莫过妇人心,这话我信,她只是简单地和我说了这么几句,我便被推下深渊。

我捧着那堆被风吹得惨败不堪的信纸回到教室,我一张张地看,一次次地泪流。远方,你看,你喜欢上别人的时候,我没有哭;你把我丢在一旁弃我而去的时候,我没有哭;而今,你心爱的她,践踏着我对你的喜欢,说我是一个小丑的时候,我却哭得不能自已。

原来,再深远的爱,也经不起摧残。人可以失望,但经不起绝望。

而现在的我,是再也不敢奢望。

6

我真庆幸我还有一个胖子闺密，韩城。

有星星的夜里，他陪我坐在楼台上，一起烧掉了那些耻辱的信。在温暖的火光里，我抱着双膝很认真地问他："韩城，你为什么会喜欢我？"

他想都没想，就脱口而出："我不知道啊。"

我当他的喜欢是没心没肺的，要不然，面对我对别的男生这么死心塌地，他早就和我一样痛苦得哭爹喊娘了。我说："韩城，你要是能瘦下来，说不定也有人喜欢你。"

"这和瘦不瘦有关系吗？如果远方变成了一个一百八十斤的大胖子，难道你就不喜欢他了？"他在暗夜里翻了一个白眼，若一道星光。

我想了想，坚定地回答他："我现在就不喜欢他了，我想揍他！"

"哎呀，揍人这事我在行呀，妹子，这仇哥替你报了！"

他说这话就跟告诉我说是他是瘦子一样不靠谱，所以，我压根没往心里去。可是，第二天，他果真撸着袖子气势汹汹地出发了，走之前还对我说了句："哎！云朵，等会儿我要是负伤了，别忘了找人用担架抬我去。"等我反应过来找到他的时候,他早已和远方在地上滚了两个来回。

我横在中间,大声又急迫地喝他:"韩城!你给我住手!"

韩城把我的话当耳旁风,他一拳重重地抡在远方的脑门儿上,语气骂咧咧的:"你算什么东西!长得好看就能这么糟蹋人家?看我今天不揍残了你这张脸!"

我一看韩城来真的,抬起脚倾尽所有的力气朝他的屁股一踹,他嗷一声跌在地上,摔了个狗吃屎。他转过头愤怒地指着我说:"好你个云朵!你敌友不分了!"

现在不是和韩城讲道理的时候,我抓起远方的手,跑了。当时,若是我肯回头看看韩城,他的脸色和他身下的黄土地定是一样一样的。

不知道要怎么解释前因后果才好,我和远方待在无人的墙角下,各自沉默了好久。

我看着他脸上深浅不一的伤痕,胸口发闷。我皱着眉头问他:"疼吗?"

他摇摇头,表情有些沉重,他说:"云朵,我真的没有把信给木棉,是她翻了我的包……"他还想要说下去,我却已经听不下去,我说:"你不用解释,我从来就没有怪过你,我只是觉得有些委屈。"

"对不起。"他的睫毛像小扇子落了下来,挡住眼里的一片光亮,我的心因着他这句话,他这一垂眸,忽然就软得不成样子。

我说:"今天的事,你也别怨韩城,是我没拉住他。咱俩算扯平了。"

说完,我背对着他疾步离开。忽然,空气中闪现出一双有力的臂膀把我拢在怀里,是远方。他紧紧地抱着我,下巴抵在我的肩膀上,什么也不说。

他似乎也很痛苦,很委屈,不然,他喷过来的气息怎会这样滚烫?

是这样的吧,梦里我也曾见过他这么抱着我,只是不似现在这样紧得发疼,而是温柔清浅,像公交车窗口吹进来的风。

天知道我有多不想挣扎开他,可是我一想到他曾经这么抱着木棉,就清醒了,清醒着由一只温柔的麋鹿变成暴动的小狮子,挣开了他。

7

那个下午,我离开远方后,没有回去上课,也没有去看望韩城。

我一个人走在街上,踢着小石子,直到夜幕来临。走累的时候,我蹲在路灯下看来来往往的车辆,兴许是这微凉的夜,兴许是这匆匆行走的人群,我觉得眼前的世界好陌生。

陌生到当远方站在我面前的时候，我抬起脸，红着眼睛，竟傻乎乎问了句：“你是谁？”

他蹲下身来和我的视线平行，他的眼神让人看着莫名的痛心，但他的唇角努力弯了一个微笑的弧度，他说："我叫远方，会坐27路公车的远方，爱喝橘子汽水的远方，经常被云朵从窗口偷看的远方。"

他说完，我就哭了。

原来，他都知道啊，知道那些时光里，我干了多少和他有关的傻事。

他说："云朵，你知不知道，木棉是我的妹妹，是我爸爸和另一个女人结婚时带来的妹妹，我对她这么殷切是因为我想让她不要对这个新家庭太疏离，我所做的一切都不过是想走进她的心里变成一个称职的哥哥。我叫莫远方，她叫莫木棉，你知不知道我和她都姓莫？"

我不敢置信地看着远方，过了一会儿，我才傻乎乎地笑了，笑完，一摸脸，全是泪。

远方，你又怎会知道，木棉的身体里流着和我相同的血液。

小时候，她喜欢吃红豆沙冰，喜欢到连我的那份也会抢去。长大后，她喜欢你，喜欢到她宁愿假装和你是情人，也不愿我这个姐姐和你靠近。

没有人可以那么了解另一个人的，若不是我和木棉做了那么多年的姐妹，我怎会对她的喜好那么了解。最初的最初，我帮着远方去"追"木棉，最简单的原因不过是木棉是我的妹妹，如果我喜欢的人和我的妹妹在一起，似乎也不是什么糟糕的事。

所以，在韩城极度不能理解我的行为里，其实理由只有那么一个：他们都是我爱的人。

可是，怎想命运如此弄人，父母破败的婚姻将我和木棉分开，远方的出现，又将我和木棉交织，人生大抵就是轮回，爱与苦痛，谁都逃不掉。

这个秘密我没有告诉远方，我想，木棉是喜欢他的，不然她不会那样愤恨地拿着信来羞辱我，然而那种喜欢，在伦理道德面前开不了口，但她也绝不容许别人来破坏，尤其是我。

那个晚上，远方把我送回家。

我们各怀心事，一路无言。我们明明都能趁着这个机会走进对方的心里，可是，我们都终究懦弱了一点儿。年少时，喜欢一个人是件很轻易的事，可是开口不知怎么就变得万分艰难。

因为不想难堪，所以我们错过了现在、未来。

我唯一能做的就是从身上掏出了一枚硬币，放在了远方的手心里。

我说："远方，谢谢你曾经用一枚硬币，带给我一段这么美好的小时光。"

远方握着那枚硬币，眼里有晶莹的泪。

我知道，在我向他开口说喜欢之前，我终于有了勇气先拒绝了我们还未开始的一切。

8

我没有像从前一样过得颓废不堪，因为再也没有人能像韩城那样安慰我。

韩城走了，我不知道他去哪里了，自从那个下午他被我踹了一脚之后，他就再也没有出现。我以为他是生我的气，一时不想来上课，所以我费力记起他家的地址，准备来个负荆请罪，怎想人去楼空。

他应该是搬家了。

天底下怎么会有这么小心眼的人，因为我踹了他一脚，难道他就要和我断绝联系？哦，还有一种可能，我那一脚踹得重了。

是真的踹得重了，听说韩城以前是个瘦子，笑起来也是风流倜傥的那种，后来出了一次车祸，导致尾椎错位，加之身上大大小小撕裂的伤口，从鬼门关里回来已是万幸，连续两年口服一种激素药物，身子才慢慢恢复，可是这药产生的副作用就是让他变成了一个大胖子。

但现在，因为我那一脚正好踹在他的尾椎上，他当夜旧伤复发，来不及与我告别，就被他爸妈给转到美国去了，不知道什么时候才能转回来。知道这一消息，我抽死自己的心都有了。

但为了弥补我对他的歉意,我也决心吃成一个胖子,我想,等韩城回来了,当大家再笑话他是一个胖子的时候,他就会用着胖乎乎的手指着我说:"你们瞎了吗?云朵才是!"

我是这样想的,也是这样做的,当有一天,我在27路公交车上遇见远方的时候,他着实吓了一跳,他说:"云朵,好些日子没见你,你是不是发生什么事了?"

我笑呵呵地摇晃着我那双下巴,说:"没事啊,最近我心宽体胖,没发现吗?"

远方的眼睛里满是不解,阳光照过来,他看见我脸上的笑,不由得也跟着笑,他轻轻地说了句:"嗯,胖胖的,也漂亮。"

我这个人好像经不起赞美,尤其作为胖子的我,听他这么说更是受之有愧。所以,没忍住,差点儿飙泪。嗯,其实我也有一句话想和他说:不是每一片云朵都能飘到远方,我离开了你,却找回了自己。

9

韩城走了一年,才回来。

他回来的时候戴着大大的墨镜,连头发也是刚做的,他站在我面前的时候,我们两个人的嘴巴同时变成了大大的O型。

"你是……云朵?"

"你是……韩城?"

我们几乎同时问出了这个可笑的问题,当我们彼此确认了身份之后,我一拳头捶在他的胸口,大吼:"我还以为你去美国疗伤去了,他奶奶的,你去抽脂整容了!害得我整天活在愧疚里,生不如死!"

韩城当是听了一个天大的笑话,哈哈地摘下大墨镜,露出那双因为瘦了而显得比平时大了一倍的眼睛,他说:"就你现在这猪样,还整天活在愧疚里?"

我看了看自己猪一样的身材,再看看眼前身板挺拔的韩城,我深深地觉得我被欺骗了。可是,我为什么这么开心,开心到眼泪哗哗地往下流。

哦,韩城回来了,他终于回来了。

尽管他不知道,有个人啊,她拼命地变成一个胖子,为的就是不想再让他孤单。

等 风 来

酒 忘

我始终记得《等风来》里面的一个画面，大家急于在天空滑翔的时候，教练微笑着对每一个插上翅膀的人说："不着急，我们先等风来。"当树林随风摇动时，每个人都顺利地飞上了天空。当站在人生的悬崖边时，不如先不要动，不要向前冲，要做的或许只是静静地，等风来。

1

我坐在病床上，面无表情地望着窗外，手依旧不停地画着风景，把父母的哭泣声与安慰声关在门外。

我听说我马上就要离开这个世界了。

他们看见我这种似乎已经厌世的态度，也应该对我绝望了吧。我静静地想。

其实我想活下去，去看看更美的世界，可是死神已经来到我眼前，我无力反抗。

2

晚上，我一个人坐在病房里发呆。

"哟，时间不多了还在这里发呆，你挺悠闲的啊。"一个少女的声音传入我的耳朵。

接着，白光四射，雪白的翅膀进入我的视线。

"我是天使，"少女如此说道，"来接你去天堂的。走吧，我们去那个纯净的地方。"

我冷笑一声，自嘲道："哎？像我这么叛逆的坏女孩儿，也可以去天堂？"

"你只是太叛逆了一点儿嘛，又不是十恶不赦。没想到你画得这么好。"她拿起我的画，饶有兴趣地看了起来。

"别看了，快点儿把我带走吧。"我不耐烦地说道。

她把视线移到我身上，然后问："没有任何留恋？"

"没有！"我当机立断地回复她。

"好吧！每个人死亡前，都要看看自己身前的回忆，现在就倒带给你看吧！"她手一挥，刺眼的光芒再次出现，我捂住了眼睛。

再次睁开时，我发现自己回到了十年前。

3

暗淡的画室中，小女孩儿在慢慢挪动着自己手中的笔。

线条均匀，没有任何的分差。

那时小女孩儿被视作美术天才。

现在的我都倍感荣幸，因为眼前的小女孩儿正是我自己。

我走上前，虽然她看不见我，但是我还是怜爱地蹲了下来看着十年前的自己。

十年前她说："这是我最大的兴趣，我一定要成为漫画家！"

十年后的自己却想着："我当初走了这么一条阻碍众多的道路，现在画这些也是为了赚钱养活自己。"

想着想着，十年前的自己停下了手中的铅笔，开始换软毛笔上色。

然后，一幅静物画慢慢地出现在纸上。

"画得不错，以这样的进度画，考上美院是没有问题的。你今年几岁？"老师在后面夸赞着。

"十三岁。"女孩子抹了一把汗，单纯地说道，"老师！我以后要当大漫画家！"

老师笑着摸了摸她的头。

4

七年前的自己呈现在自己眼前，使我不由一怔。

我看到电脑前，女孩儿趴在桌上睡着，屏幕上是未上完色的画稿，地上散落了各种原稿草图，还有许多有密密麻麻字体的剧本。

这些熟悉的稿子，是我第一次投稿时未中的画稿，其中的原因是剧本太土。虽然画得好，但是情节一点儿也勾不起读者想看的欲望，所以落选了。

我捡起一张画稿，轻轻地抚摸着，才想起这第一次投稿接到落选通知时心情有多悲痛，却又好强地连夜更改剧本重新画，一直到天亮。

我笑了出来。

笑自己当初太过顽固，但却傻傻地继续坚持着。

5

"把你这愚蠢的漫画给放下吧！你是赢不了我们的！"

我看到五年前的自己站在下雨的地方，脚下的画稿凌乱地铺在地面上被雨侵蚀着，对面是一群女孩儿。

她们说："看看你这剧情，根本就是一些垃圾。"

她们说：“画得好又怎样？剧情这么差还想来挑战我们？”

她们说：“你没资格，以后别跟我们比了，放弃吧！”

"谢谢你们。"五年前的自己突然开口，现在的我和我以前的对手都不由一惊。

"你们不就是怕我哪一天超过你们，而想打击我，让我放弃吗？这说明我威胁到你们了，同时也认可了我的确比你们画得好，你们是在担心我把剧本改得够好后超过你们，对吧。"这句话没有任何反问的语气，只是坚定地脱口而出。

我看见五年前的自己爽朗地笑出声来。

对手半晌都不说话，只顾着咬牙切齿。

原来我五年前，还是那么坚持着这个梦想啊。

想着想着，一些记忆的片花开始在我眼前一一出现。

6

五岁那年，我被摩托车撞倒在地，额头被撞破，缝了四针。在医院醒来的时候，妈妈抱着我失声痛哭，爸爸在旁边一直郁闷地抽着烟。

九岁那年，我交到了我一生中最好的朋友。之后，我们天天形影不离，一起上学，一起吃饭，一起吐露心事，一起放肆地大笑。

十一岁那年，我去了画室，画室中的哥哥姐姐以及老师都夸我是个美术小天才，以后肯定是个大漫画家。

十四岁那年，我远离了童年。闺密把日记本交到了我手里，说将来我画漫画了，一定要画出她的模样，画出她的梦想，画出世界的美好，还有我们的友谊。

十六岁那年，我喜欢上了一个男生。那个男生知道后告诉我，只要我从美院毕业了，完成了自己的梦想，再来找他时，他就答应我。

……

我突然发现我还有好多好多事情没有做完，我怎么能就这么死了呢？

我蹲下来，看着这些记忆如碎花一样飘向天空。

风带走了它们。

7

"好了好了！你也看完了。前面就是天堂入口，我们快进去报到吧。"

"不。"我拒绝了。

"怎么？想反悔？可是你已经到天堂门口了，没有退路了。"天使微笑着看着我，伸出手继续说道，"去那个安静的地方吧，人间太过喧闹。"

我慢慢地伸出双手，看着自己逐渐透明的身体，再看看后方白茫茫的一片，叹了一口气，"即使人间太过喧闹，我还是想回去，我还有许多事情没有做完。"

"人类，别这么贪婪了哟！你看看你的身后白茫茫的一片，哪有路？"天使指了指我身后。

我手一握紧，心里话脱口而出："路是自己闯出来的。我看过太多从死亡边缘逃出来的人的故事，我相信他们一定比我更加'贪婪'，所以才会坚持着重生。"

天使微微一笑，什么都没有说，只是手一挥，白光再现。

8

"看你这次英语又考了多少分！你爸妈可真宠坏你了！"

我刚刚回过神，就看到了初中时，总是被英语老师叫到办公室训的自己。

"看到没有，这是老师对你失望的记忆。"天使出现在了我的身旁。

接着，天使手一挥，那些委屈的、痛苦的、悲伤的、绝望的记忆，一一呈现了出来。我呆呆地看着那些不想回忆起的事情，视线开始模糊，渐渐失去焦点。

我的身体不听使唤地跟着她走了过去，明明我不想啊！

我不要进去！

一步一步，似乎不想重回人间再受苦了。

我还有好多事情没有完成！

脚不听使唤地移动着，想在下一刻就享受到天伦之乐。

爸！妈！我不想让他们伤心！还有我的闺密！我答应她要亲自用手中的笔描绘出我们之间的友谊！还有他！我要遵守与他的承诺！我不要就此结束！

"什么事都抛开吧，只要进去了，就轻松了。你看看那些打击你、巴不能得让你消失在漫画界的对手和敌人，面对他们实在是太让你受苦了。扔掉那些沉重的包裹吧！你从此将会快乐地生活！"

"人的生命只有一次！"我歇斯底里地吼了出来，甩开了天使的手，奋力向后跑着。

那云雾被我冲撞出一条道路，我听见了天使在后面喊："快回来！你会迷路的！"

不会的，我不会的！

我抛开天使的警告，发了疯似的向前冲着，如同逃亡的鹿。

"别傻了！再回去就没有机会享受大伦之乐了！"天使的翅膀在我身旁扑打着，苦苦地劝诱着我，"回去吧！去享受人间未有的欢乐！"

"如果我回去了，我怎么对得起妈妈给我的生命！"

我扯着嗓子嘶吼道，"你根本就是恶魔！那是通往地狱的门！专门给那些贪图享乐的人开放的！"

天使一惊，速度便慢了下来。

"人类是贪婪的！但也是因为这样！才会与死亡擦肩而过！"

"我不要就此死亡！"

9

猛地一睁眼，我看到了我的父母、我的朋友，还有那个疲惫的他。

"她醒了！她终于醒了！"朋友们尖叫着抱住我，眼泪鼻涕弄了我一身。

"嘿嘿，"我笑道，"我想想似乎还有好多事情还没做完呢，所以我又回来了，瞧我这贪婪的样子哟！"

他们先是一怔，然后破涕为笑。

看着眼光透过窗户射进房间，点点光芒洒在我与他们身上，我想，如果再次遇到那个所谓的天使，我会毫不犹豫地说："没有人有权力让我放弃生命。"

我走在少了你的风景里

我走在少了你的风景里

冰与蓝

他在心底默默等待着那个女孩儿走近他的世界

森小白在2014年变成了一个木讷的人。他在迎接新年的晚上握着直板手机犹豫了好久好久，攥到手心都沁出了微小的汗珠，却还是连拨出一个号码的勇气都没有。他的目光变成两道长长的轨迹，顺着灰色的时光延伸，想要停在那个温柔的姑娘的身上，可最后一如既往的沉默让他垂下了手。在新年钟声敲响的时候他低下头，眯着眼，对自己的膝盖小声地说了句："新年快乐，还有，我喜欢你。"

以前的森小白可不是这样，虽然有个听起来乖巧的女孩儿名，可他意气风发的样子和阳光黝黑的脸可跟雌性激素一点儿都不挨边,永远的风风火火干劲满满,把单车骑得像火箭一样快。他在高中开学时第一个上台自我介绍,声音洪亮而有底气:"大家好,我叫森小白。也许外表和名字差距大了点儿,我完全不介意你们叫我'大黑'。"说完他挠挠脑袋咧嘴一笑,一排小白牙照亮了好多女生的眼。

说实话,那时候森小白对李虹忆根本没什么印象——他们高中升学就分了文理科,班里清一色的娘子军,一个个上台介绍流程简直像是模特走台,看得森小白直眼花。他以那种阳光的冲劲高票当选了班长,成了班里第一个让人印象深刻的存在。

森小白还有点儿不适应,去找别班的哥们儿时会笑着搭讪说:"我那个班才叫'阴气重'呢!"

哥们儿笑笑说:"这么好的机会你不把握住抓紧找个女朋友啊?你喜欢什么类型的?"

森小白靠着围栏想了想说:"文静一点儿美一点儿的,就像宋词里写的那样的女生吧。"

他文艺腔满满的发言惹得大家都哄笑了起来,他也在其中傻傻地笑,心里小声反驳一句:"没开玩笑啊!"

小时候看电视里的小龙女,森小白就深深迷恋上穿素衣白裙的女生了。行动如弱柳扶风,娴静如姣花照水,永远不惊不扰。初中的语文老师带感情地念《雨霖铃》的时候他就坚定了信念,这些印象符号在他心里结构出了这个答案，他也在心底默默等待着那个女孩儿走近他的世界。可是他忘了宋词其实还是有"大江东去浪淘尽"那种的。

她像只怕生的小兔子，从来一看见男生就低头避开

郝欣就是在那时跟森小白混熟的。她是班里的团支书，自然有很多机会跟班长交流，郝欣简直就是女版的森小白，人开朗乐观，大方可亲，和森小白说话永远不卑不亢，被人取笑说真像一对时也只是笑，从不回嘴。她的态度谁都能看明白，森小白身为男生也不好扭捏藏躲，虽然对郝欣也谈不上太喜欢，还是在朋友的撮合下向郝欣表白了。两人顺水推舟地成了名义上的男女朋友，然后第二天，森小白就看见了李虹忆。

那是班里组织的迎新年小聚会，把教室里的桌子摆开，装饰起了彩带拉花，欢喜明亮的气氛四溢开来，大家都放开了玩得热闹。森小白就在和别人打笑时一回头，看见了李虹忆。

当天的李虹忆散着长发，穿一件天蓝色的针织衫。她在这一片喧闹欢腾的笑声里安静出一片小天地，一个人安然地翻着手里的书，姿势专注而美好。森小白就愣了，他一直看着她翻了一下书页，把垂下来的鬓角别到耳后，每个动作都恬然静好得像是走错了时代。他的心里亮起了一盏小灯，灯光不强，却再也熄不灭。

郝欣来挽他的胳臂他才笑着回了身，有些不舍地回头又看了一眼，正好李虹忆竖起了书脊，作者是张爱玲，森小白最喜欢的作家。

森小白低下头握紧了拳头，心里说不出是什么滋味。身边的郝欣笑得张扬，他就也笑，但他怕别人看出来，他的心情早就在几秒前飘成了寂寥而诗意的秋，之后的笑脸都成了勉强。

她是李虹忆。森小白回寝室翻班里的相片才想起来。他心脏扑通扑通地跳，李虹忆真是一个不显眼的女孩儿，存在感轻得像一只蝴蝶，让人不易捕捉住，可一旦找到，就再移不开视线了。女孩儿梳着很平常的马尾辫，细长的眉眼蕴含着水样的温润绵长，微微抿起的唇角带着一丝羞涩。森小白瞪着那张照片看了一晚上，直到其他人的脸都模糊了，只剩这个恬静的表情。他听见自己的心说："我终于找到了。"

森小白开始尝试着接近李虹忆，可她像只怕生的小兔子，从来一看见男生就低头避开，匆匆走掉。森小白几次打招呼仅仅是扬起右手，"嗨"字还没说出口，就被她的快步走给避开了，他只好用停在半空的手尴尬地自嘲般地挠挠脑袋。这样的矜持在古代是贤德淑惠的，可在现在就显得有点儿太拘束了。森小白和寝室的兄弟讨论班里的女生时，装作不经意地问大家对李虹忆的印象怎么样，结果大家一致的结论不是不太清楚她是谁，就是觉得她太自恃清高了，连招呼都不应，真把自己当成高不可攀的女神了。

森小白枕着胳膊没答话。他不敢说他喜欢的就是这种生人勿扰的清高气质，怕大家笑话自己，也怕郝欣知道。还好他的生活还算顺利潇洒，有一两个完成不了的小心愿小秘密反而还能算更充实点儿呢。

他遇到想看的那个身影只是一个偶然的巧合

撞见李虹忆纯属意外，森小白不知道一大早教室还会有人。他进来时正好看到她坐在教室一角看书，他的心跳就又加快了。他再凑近了几步，小声问候了句："早啊。"

然后他就看到了李虹忆被惊到的样子。她手里的书夸张得险些掉下来。森小白坐到她前面的位子："看什么呢？"

"《福尔摩斯》。"

"哦？我也喜欢，看不出来你还喜欢侦探小说呢。"

"嗯，我很喜欢。"

就是这样寡淡的对话内容，连一句能惹得对方笑起来的玩笑都没有，可是森小白莫名地很喜欢，他听见李虹忆的声音是轻细而婉转的，唱起来拐音很多的民谣一定很好听。

他没来得及说下一句话，教室的门就又打开了。同学们匆匆地走进了教室，森小白只好起身，掏了半天裤兜找出来一条口香糖，默默地放在了李虹忆桌角。

郝欣到了之后班里的气氛马上就活跃了起来，她大声讲着森小白的糗事，和身边的人笑得默契而张扬。森小白忙去拦，重新回到了自己的热闹世界。晚上他躺在床上回忆起早上那个梦一样的场景，李虹忆还是一副爱理不理的样子，可也都好好地和自己对话了。这样小心翼翼地靠近，没准她会向自己敞开心扉的吧。

可第二天，早上起来了也是灰蒙蒙的一片，外面在下很大的雨，操场上没有一个人。第二天、第三天也是，梅雨的季节总是压抑得让人心发闷。等到终于放晴的那天，森小白早早赶到了教室，可根本没有人在，那天果然只是一个巧合。

最深沉的爱莫过于分开以后，我将自己活成了你的样子

森小白和郝欣的关系与其说是男女朋友，不如说更像铁哥们儿，两人无所谓地在教室里侃大山开玩笑，森小白也觉得这种自由快乐的生活很舒服，可他一直无法释怀心里那一角白裙。高二下学期，美术老师来班里找艺术生，李虹忆才又让森小白惊艳了。

原来她不只喜欢文字，在素描方面也有惊人的天赋，她能简单地勾勒出生动如许的鸟兽，让美术老师的眼睛都放了光。学校组织这些有天赋的艺术生们去省里的艺术学校培训，李虹忆也随之沉默地离开了。本来就女生众多的文科班根本不会因为一个女生的离开而改变什么，被改变的，只有森小白一个人而已。

李虹忆离开之后，他才突然后悔起自己的妥协懦弱，本来也是，他和任何人都能阳光地问好交谈，可唯独那个人，让胆大的他怎样也不好意思惊扰。回过头来看，他和她的交集竟真的只有那个早上而已。也许清高的她根本不记得自己当时忐忑的心情吧，可说什么都晚了，再也看不到她了，他才意识到自己有多喜欢她。

于是仅仅一年，谁也不知道为什么开朗阳光的班长会忽然沉默了下来，别人的玩笑也带动不起他的兴致了，森小白开始习惯对着空气愣愣地发呆，或者看那些没有插图的文学书。郝欣笑着跟别人说我家小白变成熟了吧，可态度里分明多了一些漠视，在她看来这样的森小白也变得无赖了吧。他像是一群飞鱼里唯一一条不合群的深蓝鲸鱼，可森小白自己享受起了这种低调而安静的生活，他托着下巴闭着眼，蘸着回忆的墨水轻轻勾勒着一个影子。他想起《这个杀手不太冷》里的台词：我认为最深沉的爱莫过于分开以后，我将自己活成了你的样子。

命运像恶作剧一样，他们的关系永远不对等

李虹忆回来了。在外培训一年回来的她显得比之前好接触了许多，最起码会主动对人扬起笑脸了。大家才知道她有多细心，她在外的一年里抽空对着照片，为班里的每个人画了素描头像，森小白的那幅就是他一向阳光无敌的笑脸。他拿着画像愣了半天，甚至自己还有一丝的陌生感。

通过馈赠的画像，大家对李虹忆的好感度都增加了不少，她的座位也不像之前的冷清孤寂，总有人围在附近问她出去培训的见闻。森小白看得出来，李虹忆不习惯这种生活，但也不讨厌。她会展露着难得的微笑，依旧安静，依旧美好。

也许是高三的压力过大，班里的气氛比之前沉寂了不少，大家桌上都堆着厚厚的习题集，鸵鸟一样把头深深埋进去。班里清闲的只有李虹忆，身为艺术生的她只要文化课成绩过合格线就自有名校的录取通知书等着。森小白本以为自己再次见到她时会激动到直接表白，可是当他重新接触到她的目光时，他只是抖了抖睫毛，一横嘴唇低下了头。他在无知觉中改变了，她不在的这一年，他的自信、阳光都被卸下了，曾经的明亮变得暗然而平淡。以前他以为自己身上的光芒会让她不敢接近，可谁知当他为她而沉

默后，她却变成了一颗小星星。命运像恶作剧一样，他们的关系永远不对等。

高中三年生活很快就结束了，森小白组织的最后一场聚会在校门口不远的九点，大家仿佛要以这种感情方式祭奠自己的高中生活，酒杯与酒杯碰撞声"叮叮"地晃在耳边，金黄色的泡沫将视野填充得更狭窄。森小白看见，自己偷偷看了几年的李虹忆似乎是喝醉了，终于扬起了明晃晃的笑脸，能看见上下排牙齿的那种。她的脸涨得绯红，声线变得虚高而尖锐，拉着同学要敬酒。森小白皱了皱眉，上前夺下她的酒杯说："你别喝了。"

没人知道为什么，李虹忆忽然就哭了，像个孩子一样放肆而无助，哭得一点儿都不优雅。那声音惹得大家也都泛起了感伤，那阵凄长忧伤的哭声一直扎在森小白的耳朵里。

他一直以为自己走在少了她的梦中，却不知道自己早就成了她眼中，最特别的风景

郝欣向森小白提出了分手，森小白本以为自己会高兴地解脱了，可实际上还是有些难过。他已经知道李虹忆于他是女神一样的人物，可望而不可即，而他连本应该珍惜的普通恋情也没能守住。他浑浑噩噩地过着高考后的日子，然后在一天，忽然从梦中惊醒了。

他的梦里弥漫着紫藤花的氤氲香气,他看见着白衣裙的女孩儿吱溜溜地转着透明雨伞,回眸一笑,唇角淡若云烟,眼白净如青天。那张他如此迷恋如此喜欢的脸,他从来没忘记过。

他像是忽然觉醒了,一切他都不在乎了。他冲出家门,跑得如风那样快。阳光辣辣地舔着他的皮肤,他感觉世界都变成了火红色。明明一直都在,为什么连一句表白的勇气都没有,至少他想让她知道他的心意,至少他想再看一次她的笑脸啊。

按响门铃时,他的心还在撞着胸膛,身为班长,他早就利用职权背熟了她的地址和手机号码,却一次都没用过。等到门打开时,等到重新看到她时,世界都安静了。

哭出来的人是李虹忆,当森小白说出那句"我喜欢你"时,她的眼泪就准时开了闸,她慢慢地蹲下去,想把身体里的水分都榨干似的。

森小白在那一天才恍然明白了一切,从李虹忆掏出自己的护身符时,他就明白了。

那是一只小小的纸船,用口香糖的包装纸折成的。

原来女孩儿从第一次看见男孩儿时就偷偷地深深地喜欢上他了,她去看男孩儿喜欢的书,她在本上画男孩儿的笑脸,却从不敢把这份隐秘的心事说出口,甚至一撞见他的目光,就幸福紧张到连话都说不出。

森小白的心跳声"咚咚"地撞击着耳膜,他才知道,

115

早上的偶遇其实是她一直在等他,包括梅雨的那三天。也就是那三天的早起冒雨前行,让她受凉得了感冒,在第四天错过了一次,也错过了之后所有的机会。原来他那一年里经历的胆怯心悸她早就有了,而且是他的几倍。

森小白紧紧地环住她,心疼而抑着欢喜地问:"为什么不早告诉我?"

"你不是一直都有女朋友吗,再说我怎么敢,被拒绝的话我会难过得死掉的吧。"

森小白觉得身体在轻微地抖,眼角痒痒地疼,幸福感像融化开的酥油暖洋洋溢遍全身。他一直以为自己走在少了她的梦中,却不知道自己早就成了她眼中,最特别的风景。

我家有个美男子

浅悦幽然

1

我生命里最重要的三个男人,无一例外,都是美男子。

第一个是我的爸爸,他给了我生命。

第二个是我的爷爷,他教会了我怎样去相信。

第三个是西瓜,他让我明白,怎样去爱一个人。

2

在我小的时候,我见到过一把尺子,二三十厘米,刻度清晰,材质质地轻薄,但打起人来决不含糊。

那是当初爷爷刚刚参加工作，奶奶用从牙缝里挤出来的钱给爷爷买的礼物。在那个物资匮乏的年代，这把钢尺，绝对是一份珍贵的礼物，以至于往后很多年，哪怕到爷爷退休，这把尺子在爷爷心中也拥有着无可取代的地位。

本来这把尺子也没什么特别的，我之所以会对它印象深刻，是因为我曾经被这把尺子狠狠教训过。被教训的理由也很普通，就是我翻墙偷了隔壁家的花。

爷爷爱花，家门前有个大大的花园。庭前竖着葡萄架，中间用青砖铺出一条小路，两边栽满了花，几乎每个季节，都会有不同时令的鲜花盛放，这里一度成为我心目中的天堂。我也爱花，尤其爱摘花。小时候不知道花摘下来就会死，只是因为喜欢，便想摘来当玩具。爷爷不许我碰家里的花，我便将心思动到了隔壁家。

我不仅动了心思，还蛊惑隔壁家的小孩儿跟我一起偷花。那个小孩儿瘦瘦小小，终日顶着一个西瓜头，于是，我们都喊他西瓜。

西瓜听信了我的胡扯，真的在一个晴朗的下午，等他爸妈都离开后，兴奋地将我们喊到他家。当我看到满园子各种各样丝毫不逊色于我家的花时，我终于撒丫子欢快地玩起来。我们摘花的摘花，做花环的做花环，最后直接用花瓣打起了花仗。漫天花瓣飘飘洒洒，像是落了一场花瓣雨，空气里飘着独属于花朵的香气，衬得小伙伴们红扑扑的脸颊煞是好看。这画面是极美的，只不过，这极美的代价太过沉重。西瓜家精心布置的花园，如今满地狼藉，几乎就这样被我们毁得一干二净。

但是当时，我并没有意识到这件事情的严重性。

等西瓜的爸妈拎着西瓜的耳朵，来到我们家讨说法时，我才恍惚明白自己到底犯下了多大的错误。西瓜龇牙咧嘴，两只眼睛泪汪汪的，屁股都被他爸妈抽红了。

爷爷站在他爸妈面前，听完事情的经过后，直接让我跪到地上。

我开始还咬牙不承认，撒谎扯理由。后来直到爷爷拿出戒尺，打在我的手心上时，我终于哇哇大哭，喊着知道错了，知道错了。一边喊，一边用仇视的眼神瞪着西瓜，觉得他不讲义气，出卖了我。西瓜的不敢看我，一直低垂着头，乌黑发亮的西瓜头在灯光下越发闪亮。

我的手很快便又红又肿，奶奶看不下去了，赶紧拦着爷爷，西瓜爸妈也连声说，算了算了，都是小孩子，知道错就行了。

那是爷爷第一次对我发脾气，那也是爷爷第一次用那把给我量身高的尺子打我。后来很多年，我都还记得那把尺子打在手心里的感觉，痛，灼热，最后手心发麻，红肿无力。然而记得更多的，却是爷爷用戒尺教会我的道理。

犯错不可怕，可怕的是不敢承认错误，撒谎推卸责任是这世上最可耻的行为。

当然，这些都是后话。

当时爷爷打完我后，一个劲儿地向西瓜爸妈承诺会整理好他们家的花园，并让他们家花园恢复如初，他爸妈客套了一番才带着西瓜走出门。

西瓜回头看了我一眼，满眼的委屈。

我哼了一声，扭过头不去看他。心里却暗暗做了一个决定，以后再也不要搭理他了。

那把钢尺在很长一段时间里，都是极能震慑我的东西，这导致我又在心中做了一个决定，那就是一定要想方设法解决掉这把尺子。

3

往后几日，我都跟着爷爷一起去西瓜家整理他们家被我弄坏的花花草草，可以救活的，便悉心栽培；救不活的，爷爷就直接把家里的花草移栽了过去。西瓜的爸妈也一起帮忙，只有西瓜，站在一旁，扭扭捏捏地像个小媳妇，时不时拿各种稀奇古怪的玩意儿想要获得我的原谅，但我都不为所动。

看着花园里的花越来越少和爷爷那惋惜的表情时，我恨恨地想，如果不是西瓜太没用，我也不会被爷爷打，我们家的花园也不会落得这样的下场。

总之，我把一切责任都归结到了西瓜身上，开始越发讨厌西瓜。

再之后,假期结束,爸妈将我接回了城里继续上学,我走的时候,趁家里人不注意,偷偷将爷爷心爱的尺子也带走了。当时的想法很简单,只要爷爷找不到尺子,以后就会天下太平,为此我还窃喜过一阵子。

可是没想到当天晚上,爷爷就从老家赶了过来。

爷爷不顾满头大汗,看到我张嘴就问:"娃娃,你有没有看到我的钢尺?"

我下意识地就把手背到了身后,心虚地摇摇头,说:"没看到。"

爷爷听完我的话后,表情很失落,原先一直炯炯有神的眼睛此刻也如同被人拂灭了最后一丝光火般暗淡下来。爷爷转过身,喃喃地念叨了句:"找不到了,找不到了……"转身就要走。爸爸听见响动出来,赶紧将爷爷拉进了屋,我跟在他们身后,心情十分复杂。

爸爸似乎也知道那把钢尺的来历,听了爷爷的话后,只说明天陪爷爷回老家一趟,再好好找找。爷爷也不说话,整个人恍恍惚惚的,直到被爸爸推进原先就留给爷爷奶奶准备的房间里。等爷爷睡下后,我也心情沉重地爬上了床。

半夜被一阵呜咽声惊醒,我心如刀绞。我知道,那是爷爷的声音。良心的谴责让我备受煎熬,我终于忍不住拿出了藏了许久的钢尺,朝爷爷的房间走去。

爷爷看到钢尺，眼前一亮。我低着头，小声地说："爷爷，对不起，我错了。"说着伸出手，做好了挨打的准备。

钢尺却迟迟没有落下来，或者说，爷爷根本就没有打算用钢尺打我。

爷爷只是抱着我，让我躺在了他旁边，开始讲这把钢尺的故事，讲他年轻的时候，日子过得十分艰难，奶奶一直不离不弃地陪在他身边。尽管现在奶奶身体不好，他只能陪奶奶住在老家，但他依然觉得很幸福。爷爷絮絮叨叨讲了很多话，我懵懵懂懂地听了很多故事。

也是那个时候，我才知道，这把尺子对爷爷真正的含义，它承载了奶奶太多太多的爱。

那个时候，我觉得自己是这个世界上最幸福的人。有爱自己的爷爷奶奶，爸爸妈妈。那个时候，我从没有想过，自己会成为传说中单亲家庭里的一员。

4

十二岁那一年，我无意中翻到了父母的离婚协议书。

那是几张印满黑色字迹的A4纸，很薄很轻，却如同这世间最尖锐的刺，狠狠戳破了我那个名为童年的彩色气球。

仿佛一息之间，我就长大了。

我不知道那个时候的我为什么会懂得，"离婚协议书"这几个字所代表的含义，后来想了很久，终于找到一个理由，那就是我们家那台巨大的彩色电视机。

那是我十岁生日时收到的礼物中最贵重的一个。我曾经为了这台彩色电视机手舞足蹈了很久，只是这代表着幸福的礼物，也在两年后，在父母激烈的争吵声中，轰然碎裂。

我拿着那张纸，微微颤抖，脑海里第一个闪出来的，就是爷爷那张虽然布满皱纹，却依然俊朗的脸。于是我不顾一切地将我的小书包里所有的书全部倒出来，装满自己最心爱的宝贝上路了，目的地就是爷爷家。

十二岁的年纪，我已经可以分清很多东西，比如去哪里坐几路车，需要多少钱。

我站在车上，周身都是陌生的面孔，脑海里闪过无数关于人贩子拐卖小孩儿的画面，恐惧和无助终于觉醒，开始一寸寸爬上心头，我却只能在压抑的心情中紧紧咬着唇，故作坚强。

等我站在爷爷家门口时，已经说不出话来。爷爷看到我的样子，很快便将我抱进怀里。那大概是这世间最温暖的怀抱，宽阔厚实，带着温暖的宠溺。就在那一瞬间，因为恐惧产生的压抑感消失，所有的情绪一拥而上，像是洪水决堤般。我抱住爷爷，将头埋在他宽阔的胸膛里放声大哭。

爷爷的手，轻柔地拍打着我的背，嘴里还喃喃念叨着："娃娃不哭，有爷爷在呢，有爷爷在呢。"

这个画面在我的脑海里留存了很久很久，成为我每每遇到困难和挫折后，都会梦到的场景。哪怕后来我上大学了，离开了这座我从小长大的城市，也不曾忘却。

我有一个小小的心愿，就是长大以后，也要找一个像爷爷这样儒雅温柔的人。他会在我最难过最害怕的时候，给我勇气，拥我入怀，让我相信，未来并不可怕，因为有他。

那一天，等我哭够了，爷爷才牵着我的手往里屋走去。我颤抖地将藏在书包里的那张纸缓缓拿出来，一脸茫然无措地望着爷爷，希望他能对我说点儿什么。

爷爷接过纸，带着老花镜沉默地看了半晌之后，拍了拍我的头，然后说："娃娃不要担心，这件事有爷爷在呢，你今天折腾一天也累了，先去睡吧。"

我点点头，心中的惶恐和不安烟消云散。后来我才知道，人在最无助的时候，才会惯性地向自己最信任的人求助。那个时候，爷爷是我心中的superman，所以只要爷爷出马，仿佛任何问题都能迎刃而解。

那个时候，我并不知道，有些东西，不是想，就能解决的，尤其是别人的感情，就算是英明睿智的爷爷，也无能为力。

5

睡梦中听见争吵声，我恍恍惚惚地从睡梦中醒来，看到屋子外面亮着灯，便爬起来，向门口走去。

推开门，就看到爷爷和爸爸对峙着，两张相似的面孔因为争吵有些微微发红。爷爷手里拿着钢尺，爸爸表情倔强，奶奶坐在一边，一脸忧戚。

我揉了揉眼睛，喊了一声"爸爸"。

爷爷听到动静走过来，将我推回里屋，然后带上门走了出去。奶奶随后进来，一手给我扇着扇子，一手轻抚我的背。顺着脊椎骨，一下一下。原本就很困，被奶奶这么一哄，很快我便又进入了黑甜的梦乡。

等我再醒来时，已经回到了家里，应该是爸爸半夜开车把我带回来的。

我不知道他昨晚跟爷爷争论后的结果，但隐约有不好的预感。

爸爸妈妈在客厅里等着我，餐桌上跟以前一样摆着我爱吃的早餐。然而我知道，有些东西已经不一样了。于是那天早上，我反常地放下了手中装满清粥的碗，盯着他们的眼睛一个字一个字地说道："爸爸妈妈，我想搬去跟爷爷奶奶住。"

妈妈一愣，反问了一句："那你读书怎么办？"

我想了想，回答："这个我会跟爷爷商量的。"

爸爸点燃一根烟，抽了一口后说道："你真的想好了？"

我点点头。

爸妈对视一眼后，也点了点头，拿起筷子开始吃粥和油条。

那顿早餐吃得无比漫长，仿佛大家都明白，这可能是我们三个人在一起的最后一顿饭，所以格外珍惜。

我很庆幸，最后的这顿饭，是平静的、幸福的、安详的……因为这让我有种，我仍然有个完整家庭的错觉。尽管最后一口粥里，混合着我的眼泪，但我仍然觉得那是世上最甜的一碗粥。

之后就是爸妈带我去学校办理转校手续，帮我收拾东西，一起开车将我送到了爷爷家。

爷爷奶奶相携站在门口的葡萄架前，花白的头发像盛放在绿叶中最美丽的花，微微笑着，眼里却流转着担忧的光芒。

我飞快地扑到爷爷奶奶怀里，不说话也不哭闹，只是静静地将爷爷奶奶紧紧抱住，一直到身后两个人转身离开都没有回头。

爷爷又用那只宽大的手轻柔地拍了拍我的背，"娃娃不难过，有爷爷在呢。"

耳边，奶奶的叹息声格外幽长，"可怜了我们家娃娃。"

6

  爷爷早就为我联系好了学校，是他以前教书的地方，离家不远。爷爷每天都会起很早，然后骑着那种黑色的前面有一根横杠的老式自行车带我去学校。

  每次在路上遇到熟人时，爷爷都会满脸自豪地说："这是我们家娃娃，就在××小学读书。"每当爷爷听到有人夸我聪明又漂亮时，爷爷满脸的皱纹都会叠成一朵喜气洋洋的花。那把教会我承担错误的戒尺最后也成了我最好的小伙伴，陪我一起练字，一起画图。

  新的环境，新的生活方式，让我很快便找到新的乐趣，渐渐将那些不愉快的事情抛诸脑后。小孩子的心性在我身上体现得淋漓尽致，不过是几个弹珠，便让我在新的学校交到了很多新的朋友。而当初那个让我十分讨厌的不讲义气的西瓜，也成了我在老家最好的朋友。

  当你经历得越多，很多以前介意的事情反而变得不那么重要了，比如西瓜。

  我还记得，西瓜这个外号是我取的，因为我第一次看到他的时候，他就顶着一个西瓜头。后来很多年，他还是顶着那个西瓜头，问其原因，他也只是笑笑不说话。

  这个头型也就一直被我从小笑到大。

  爷爷带我去他家拜托他在学校多多关照我，西瓜仗义地拍拍小胸脯，满嘴都是没问题。那个时候，西瓜已经一改当初瘦弱的模样，变得十分健壮。虽然才比我大一岁，但确实说到做到，每天放学一直将我护送回家不说，不管我在学校了做了什么调皮捣蛋的事，他都会帮我顶着。于是后来，我更肆无忌惮地玩野了，爬树掏鸟蛋，下河摸鲫鱼，偷田里的红薯烤来吃……几乎什么都玩过。

有时候西瓜会陪我一起，有时候西瓜会帮我放哨。总之，我们俩简直是绝佳搭档，干什么事都配合得天衣无缝。当然，我也会在夏天葡萄成熟的季节里，摘我家葡萄架上最好吃的葡萄跟他分享。

那个时候，我都快忘记了爸爸和妈妈的事情。

所以，当我放学回家，遇上爸爸站在葡萄架下的时候，小小地吃了一惊，但很快，我的吃惊便被愤怒取代。因为他的身后，还跟着一个陌生的阿姨。

爸爸拉住我，说："娃娃，喊阿姨。"

我狠狠摔开他的手，用最尖锐的声音喊着："我不！"然后转身跑远了。

我不知道我走了多久，我只知道，爸爸的出现，打破了我现在平静的生活。如果说当时我选择不顾一切地来到爷爷家，不问他跟妈妈的事情是一种逃避。那么此刻，他便像带着一把刀，再一次割碎了我给自己营造的假象。

眼泪不受控制地往下掉，我却无暇顾及，只是一路茫然地往前走。我不知道我走了多久，哭了多久。我也不知道我走到了哪里，离家有多远。当我反应过来时，我已经走到了一处陌生的地方。四周是一片墨色的植物，有风吹过，叶片间沙沙作响，前后都没有一丝光亮，看不见路，也看不见其他。

黑暗里仿佛潜伏着无数只怪兽，随时都可能会出现。

我不得不停下脚步，任由黑暗漫过脚踝，漫过心间，不敢动弹，只有眼泪依旧哗哗地往下流。

过了半晌，身后传来一阵脚步声，在这乌漆麻黑的地方显得格外诡异。我不敢回头，生怕碰见什么恐怖的东西。所以当那个温热的手搭在我的肩膀上时，我尖叫出声，心脏几乎都要停跳了。

身后那个人也像被我吓到般，跟着我一起尖叫起来。

我竖着耳朵仔细听了听，觉得这声音格外耳熟，忽然想起来，这是西瓜的声音。

确定这个事实后，我立马转身一把抓住西瓜的脸就开始左瞧右瞧。月光很稀薄，偶尔会被云层掩盖，但是仍然能辨认清楚面前人的长相。

我愤怒地大喊："西瓜，你干吗啊，不知道人吓人会吓死人的吗？"

西瓜眨着黑白分明，甚是无辜的眼睛看着我解释："我是看你一个人哭得太伤心，只顾着朝前走，怕你出事，所以一直跟着你。"

西瓜的那句话很朴实，却在那一刻直接戳中了我的心窝。

那是第一次,我从除了爷爷以外的人身上感受到了关怀。

7

西瓜那天晚上牵着我的手带我往家走,我便开始絮絮叨叨地说故事。那个时候,我单纯地认为,西瓜就是我这辈子最好的朋友。他给我一种莫名其妙的信心,就是我可以毫无芥蒂地告诉他任何事情。

我不知道时间过了多久,我也不知道我说了些什么。到后来,我慢慢地觉得眼皮子越来越沉,越来越沉……然后就不省人事了。

第二天醒过来的时候,才发觉头上盖着一块冰凉的毛巾。正好奶奶进门看我,手中端着一碗姜汤。我才知道,原来昨天夜里我发烧了,然后昏倒在路上,是西瓜将我背回来的。

我张了张嘴,又闭上,忍不住又张了张,还是没说出口。

奶奶了然地说道:"你是不是想问你爸爸?他昨儿把你吓跑后,你爷爷狠狠教训了他一顿,然后让他带着那个女人滚了,倒是连累了隔壁张家嫂子到处找你们。"

我听到这里,心里不知道是开心还是难过,捧过姜汤一口喝尽，撩开被子便向门外冲去。爷爷正在给葡萄架除草，半弯着腰，精神看来很好。

我跑过去，从爷爷身后抱住他，喃喃自语："爷爷，我不要爸爸妈妈，你和奶奶就是我的爸爸妈妈。"

爷爷侧过身子，抱住我，宠溺地拍拍我的头，叹息道："傻孩子，就会胡说八道。爷爷会老的，以后你还是得跟你爸妈在一起。"

我使劲儿摇摇头，对着爷爷说道："我谁都不要，就要你们，你们不会老的，就算老了，我也会一直陪在你们身边。"

身后跟上来的奶奶听见我的话，也走过来，叠着爷爷的手抱住我，小声地哭泣起来，念叨着："我们家娃娃太苦了……"

那天的夕阳格外美，红艳艳的，将整个天空都染红了，后来我才知道，那叫作火烧云，是难得一见的自然景观。本来这画面在我心中是极美，极其能衬托我跟爷爷奶奶之间美好的感情的，但是当我听完西瓜的形容后，所有的美好的想法直接转换成了我踹在西瓜身上两脚的力度。

西瓜说的是，"你们那个样子活像是在拍电视剧，剧名就叫——走失少女寻亲记。"

西瓜还说："娃娃，你的爷爷奶奶总会老，总会离开的，你总不能一辈子这样待在他们身边吧？"

我皱着眉反驳道："不会的，就算为了我，他们也不会的。"

西瓜用一种很奇怪的眼神看了我半响后，说道："娃娃，你看看他们的头发，他们已经老了，有些事情不是你不愿意就不会发生的……"

没等西瓜说完，我就铆足了劲又狠狠踹了他几脚后飞快地跑开了。那之后好几天，我都不愿意再搭理他。

我不喜欢听别人说这些话，这会让我深深地感觉到自己的渺小和无能为力。我不喜欢这样的感觉，我爱我的爷爷，爱我的奶奶，我还等着他们看我长大，看我出嫁。

可是，老天似乎偏偏要和我作对。

仿佛要印证西瓜说的那句话一般，没过几天，在一场暴雨之后，奶奶的旧疾以迅雷不及掩耳的速度席卷而来，很快便将这个在我心目中一直温柔慈祥的老人压垮。

我蹲在奶奶的病床前，看着奶奶因为脑溢血而毫无知觉的面孔，整个手都在颤抖。我小心翼翼地喊着："奶奶，奶奶，你醒醒啊……"一声声，不间断，似乎只要如此，奶奶就会从沉睡中清醒过来。

爷爷红着眼圈，从病房外走进来，听到我的声音，哽咽得说不出话来，只是一遍遍用那只曾经握着戒尺的手，一遍一遍温柔地抚摸我的头。

很快，爸爸和妈妈不知道从哪里赶了过来，他们的表情都很沉重。我愤怒地看了他们一眼，不明白他们为什么会在此刻赶来。我也从来没有想过，我们一家人再次相聚,会是在奶奶的病房里。

爷爷拍拍我的头,说,娃娃,你先出去。

我点点头,走出了病房,悄悄将耳朵贴在门板上,听到爷爷对爸爸妈妈说:"你妈要走了,医生让送回去,最迟不会超过三天,最早可能就在今晚。"

病房里传来惊天动地的哭声,我已经分不清那是爸爸的,还是妈妈的。我站在门外,身体里的力气像是被全部抽空般慢慢瘫软在地,眼泪开始不受控制地往下掉。

8

医生说得很准,果然没有超过二十四小时,奶奶就离开了。

奶奶走的时候很平静,爷爷说,这是老天对她的厚爱,让她没有感觉到丝毫痛苦。爷爷说这些话的时候,眼神里溢满了温柔,他紧紧握着奶奶的手,从温热握到冰凉,从冰凉握到僵硬。一直到堂叔们要为奶奶更换寿衣,爷爷才被人强行拉开。

那样深情的模样,是我从不曾见过的。那一刻,我忽然很羡慕奶奶,因为她遇到了这世间最美好的事情。我终于愿意相信,不是所有人都会像我的爸妈一样,而这世间真的有一种感情,叫"执子之手,与子偕老"。

从办丧礼到出殡,整整三天,爷爷一直坐在奶奶的棺旁,不吃也不睡。固执地用那双浑浊却深情的眼睛望着奶奶。爷爷反复念叨着一句话:"你终于比我先走一步了,你走得这么快,我都快跟不上你了。你那么怕孤单,我想多陪你一会儿……"

我躲在棺后,听到这些话,捂住嘴,再一次痛哭失声。

西瓜来找我的时候,我正穿着一身白色的孝服,抱着腿哭。西瓜拍拍我的肩膀,一脸担忧地喊了声:"娃娃……"

我抬起头,愤恨地望着他,指控道:"都是你,都是你的乌鸦嘴让我奶奶走得这么突然,我以后再也不想看见你了……"

西瓜撇撇嘴,想要解释,我却捂住耳朵不愿意再听。

大人们以为我们两个发生了争执,赶紧将西瓜拉走了。西瓜好像回头看了我一眼,那一眼包含了太多的情绪,而当时的我,根本无暇去体会。

丧礼结束后,爷爷一下子苍老了很多,等到所有琐碎的事情都处理完毕,爷爷才仿佛松了口气。

我抱着爷爷,像他以前抱着我那样轻拍着他的背,我说:"爷爷,你还有娃娃,我会一直陪着你的。"

爷爷只是笑笑,并不回答,眼神却一直望着某处,神色温柔。

我知道爷爷看的是那把戒尺,那把奶奶曾经花光自己所有的积蓄，送给爷爷的戒尺。

爸爸妈妈因为奶奶的忽然离去，破天荒地没有再争吵，也没有离开，而是和谐地在爷爷家里相处着，所有的一切都朝着好的方向发展。

只是，爷爷开始长时间地望着某处发呆，有时候是门口，有时候是葡萄架前，有时候是床边的摇椅上……那些都是奶奶生前喜欢待着的地方。

我知道，爷爷想奶奶了。

再后来，三七，五七，七七……爷爷慢慢从低迷的情绪里走出来，终于恢复了些精气神。

偶尔问起西瓜怎么不来了时，我才猛然想起，我已经将西瓜遗忘了很久。

其实我一直都知道奶奶的事跟西瓜无关，但当时我就是控制不住地将所有的负面情绪都发泄到了西瓜的身上，也许只是因为我笃定地相信，西瓜并不会责怪我吧。

我买了西瓜最爱吃的棉花糖兴冲冲地往西瓜家走去时，才发现隔壁家的门已经许久没有被打开过了。门檐上挂满了蜘蛛网，一触，便有灰簌簌地往下落。

我惊慌失措地跑回家，遇上刚巧进门的爸爸，问起西瓜时才知道，他们全家已经搬到了洛迦市里。

脑海中恍惚浮现出那天西瓜那双含义良多的眼睛，有一种名为悔恨的东西酸酸涩涩地溢满眼眶，最后沿着脸颊滑落。

爷爷在旁边，一直默默地听着，好半响后才叹息道："娃娃，西瓜是个好孩子，你跟着你爸妈回去吧，然后好好学习，考到那里去找他。我想看着你们一起回来。"

我没有点头也没有摇头，但是在那一刻，我终于明白了西瓜对我的重要性。于是，我对爸妈说："带我回家吧。"

9

回家之后，我还是会常常想起爷爷。

读书很累很苦，但只要一想到爷爷，一想到西瓜我又会充满动力。爸妈复婚了，依旧住在一起，感情似乎比以前更好了。有时候看到他们相敬如宾的样子，我就会想这是不是奶奶在冥冥中的安排，用她的离去，为我换一个更好的未来。

不过也只是想想而已。

我记得西瓜曾经对我说过，他最想去的地方，是洛迦大学。我将"洛迦大学"四个字抄在一张白纸，挂在眼前的墙面上，时时刻刻提醒自己，一定要努力。

爸妈更是用行动全力支持我，陪着我一起提心吊胆，陪着我一起度过高考。

高考结束的那一天，爸妈比我还激动，拉着我直说要去庆祝。我笑笑也没有反对，站在街头熙攘的人群中时，我仿佛看到了一个熟悉的影子。我放开爸妈的手,焦急地追过去时,才发现认错了人。

三年了,也不知道西瓜还是当初的那个西瓜吗?他真的会在洛迦大学等我吗?

我想起了很久以前的心愿,长大以后,我要找一个像爷爷这样儒雅温柔的人。他会在我最难过最害怕的时候,给我勇气,拥我入怀,让我相信,未来并不可怕,因为有他。

我终于忍不住,在人潮涌动的街头,不顾形象地泪流满面。

有人慢慢走到了我面前,轻轻地蹲在了我身边。

我抬起头,泪眼模糊中,看到了熟悉的西瓜头,不确定地伸手碰了碰那个人的脸颊。

"嗨,娃娃,我们又见面了。"那人轻轻将我拥入怀里,用这世间最温柔的语气说,"娃娃不要哭,有我在呢。"

我望着此刻近在咫尺,越发清俊挺拔,却依旧顶着西瓜头的少年,终于破涕为笑。

耳边,西瓜说:"你当初不是问我为什么要一直顶着西瓜头吗?那是因为,我想让你在人群中第一眼就能认出我。"

月半弯

末塔的猫

流萤回雪

末塔抱了一只猫上学。

清晨的校园路上,末塔的皮凉鞋在被夜雾浸得硬邦邦的路面上啪嗒啪嗒地响,她背着一只大得要命的书包,怀里是一只大大的懒猫。

末塔把它小心翼翼地放到教室门口的花园里,就进教室了,她会看着它像个圆滚滚的球一样滚入花丛里,没有人知道那是末塔的猫。

1

末塔是个很少说话的女孩儿,因为这座城市的人流行说普通话。末塔一张嘴,就是拗口的乡音。她也试着说普通话,可是一说出口,不是别人笑,就是她自己笑。

后来，老师不怎么叫她回答问题了，她也不怎么和其他人说话，就坐在教室的一角，安安静静的。

"其实啊，末塔的声音还挺好听的，不要觉得方言怎么样。哎，你家那边，是什么样的呢？"有那么一天，班长突然找她谈话。

"我家跟这边太不一样了，不像这边有规整的房子和高楼。那里有平房，有稻田和水车。"末塔就那么小声地，不好意思地说。

末塔闭上眼都能看到妈妈站在稻田边上的样子。那是放学的暮色里，妈妈在路上等自己，背着一个大大的筐子。妈妈，还有每棵树、每棵草和每个蚱蜢的影子都被太阳拉得长长的。

再一眨眼，面前站着的就是劝自己要多和同学交流的班长。

运动会就要召开了，班主任站在讲台上念名单，争取为班上的每个同学都安排出来比赛项目。一个又一个同学的名字点过去了，连体育最不好的那几个也被分到拔河组了。

他问："你们每个人都有项目了吗？"

大家一起回答："都有了！"

没有人想起末塔。

等铃声响起，大家都从座位上跳起来了，他们拿起五分钟之前就收拾好了的书包，纷纷跑掉了。校园一片喧哗，就像是被风吹过的树林一样。

没有人会注意一只肥滚滚的猫无比灵活地躲过每个人的脚步，迅捷攀上教学楼三层的楼梯，出现在只剩下末塔的教室里。

"运动会的一天半，是我们两个的了。"末塔对猫说。

2

运动会的这天早晨，末塔抱着她的猫溜走了，带着探险一样的心情离开校园。

来城里几个月了，末塔却好像一直被圈养在学校里，根本没有走出来过。她上车时还有些心惊肉跳呢，因为之前只是听宿舍里的同学讲过，出去玩该怎么走，如果记错了，还真不知道会走到哪里去。然而，搭5路车，再转3路，末塔还是顺利来到了城里最繁华的商业街。她跟着人群等红绿灯，又跟在这群人的末尾小心地过斑马线，非常不确定地看着两边的行人、LED灯箱，还有反射着灿烂阳光的高楼大厦。

她对自己说，如果阿弟能看到这个，应该会很开心吧。阿弟以前只在书本上见过高楼大厦，那时候末塔给他解释半天，可是他还是不懂，那一栋栋高高的方方正正的建筑到底是什么。当时末塔告诉他："我就要去有这样建筑的地方念书了。"小小的阿弟乐得拍巴掌，非要和姐姐一起来。

末塔站在一个商场的门口，下定了决心，终于要踏进去了。

怀里的猫突然跳了下来！

在所有人都没有反应过来的时候，猫迅速往相反的方向跑去。"啊呀，等等！"末塔开始追猫。她跑过了三家商场，一个公园，又跑过了一个菜市场，实在跑不动了，她坐在地上无奈地苦笑起来。

"嘿，末塔。"忽然，一个熟悉声音在脑袋后面响起来了，"你为什么跑呢？我跟着你，跑过了两家商场，还有一个公园。我在后面喊你，你都没有理我。"

"班长你也没去运动会啊？"末塔脸红了，小声地问。

"人们都不会想到，班长会在运动会的这一天失踪啊，"班长伸了一个懒腰，"好不容易出来散散心吧，又碰见你了。"

3

末塔低着头，班长站在她的右边，努力跟她套近乎。

"你学习累吗？"班长问。

"有时累，有时还行。"末塔小声答。

"我也是有时累，有时还行。那，你平常吃得好吗？"他又绞尽脑汁地问。

"中午吃得好点儿，早上和晚上就随便啦。"末塔还是小声答。

"我也是中午吃得好点儿，早晚随便。你刚才着急追什么呢？"

"我丢了一只猫，可着急了。"末塔把头抬起来，皱着眉头看向前方。

"我也丢了一只猫，也是可着急了。呃，哈哈哈哈……"看到末塔疑惑的眼神，班长继续补充，"没有骗你啦，我家里有只猫，最近丢掉了，丢了算啦，没什么的。"

"那怎么行呢，我最爱它了。虽然不知道它以前是谁家的，但是如今它每天早上和晚上都会和我在一起的。我在这个地方，最好的朋友就是这只猫啊。"一想到这件事，末塔都快要哭了。

"可能我们走走，就在前面找到了。"刚一开始，班长还想笑，可是现在看到女孩子要哭了，赶忙就拉起她的胳膊，一起往前走去了。

他们走过种满梧桐的街道，末塔仰起脸，看着头顶叠青泻翠的绿色，就更有些害羞了。她从来没想到会和班长轧马路，更没有想到会和班长找猫。在她很久以前的那个班级里，男生和女生是一句话都不能说的，如果有女生主动和男生说话，要传上一个星期的"绯闻"呢。

然后，然后他俩居然迷路了。因为怕同学知道自己在外面玩，班长也不能打电话问路，就走到路边的卖报亭，买了一份地图。他一只脚踩在马路牙子上，一只手懒洋洋地展开地图，颇为神气地指起路来了。

哎，那一瞬间，末塔觉得班长自信得好笑，又骄傲得可爱，多么像只猫啊。

4

末塔从来都不知道，从清晨时猫被自己放下的那一刻，一直到放学前，这段时间它到底在哪里。也许它找吃的去了，也许它晒了一天的太阳，也许它还物色了下一个主人。但是，末塔相信，这不是一只普通的猫，否则它怎么可能会那么聪明？它知道每天早上跳到末塔的怀里，也知道每天放学后来末塔的班级，就冲这个，也不能轻易地给猫取名字，它就叫猫，就这样。

班长听了她的这个解释，无奈地摇了摇头，"我还从来没有见过这样聪明的猫。"说着，就踩在窗台上，擦起了窗户。

运动会的那天，两人都没有想到，这天是需要签到的，所以班主任在运动会后的第二天就把他们提溜到了办公室，好一顿猛批，还罚他们打扫一星期的教室。当时，末塔心里先是挺低落的，后来突然又高兴起来了。能和班长在一起扫教室，听上去也蛮好的啊。

"哪里是惩罚吗，简直是奖励！"末塔自己跟自己说道，脑袋里在放烟花，然后就帮班长擦窗户了。

但是，后来的几天，当大家发现末塔和班长放学后一起留下来的时候，就对此颇有微词了。

"那个从乡下来的怪女生，怎么老和班长黏在一起。"有一次，女生们在体育课的自由活动时间窃窃私语着。

"你们要多把功夫用在学习上，就不会想这些有的没的了。人家末塔家里有一个弟弟，一个妹妹，平时那么忙，还能从家乡考出来，还能拿助学金，比你们强多了。"班长就这么站在大家的背后，冷冰冰地说到。

而放学后，拿着抹布擦黑板的末塔跟班长说："其实没必要用那样的口气跟其他同学说话啊。"

他看了看头上滴着汗珠的末塔，"可是我会在意啊。你这么努力，我就会在意你的努力值不值。"

听完了这话，末塔立刻恍然。自己以前的班主任也是跟妈妈这样讲的，当时，妈妈不大舍得让末塔出来念书，可是老师就说，末塔实在太努力了，如果仍然留在家乡的学校，这样的努力就会不值得。后来，妈妈就放手让末塔出来念书了。

"我好幸福。"末塔笑起来。

"嗯?"班长在背后嘟囔。

"能来这里念书,我很幸福,能和你做朋友,我也很幸福。"

出去打水的时候,末塔特意走到教室门口的花园处,期待那个圆滚滚的身影正卧在某棵树下。哪怕只和它见一秒,分享分享现在的心情也行啊。然而,什么都没有。

"喂,猫也会想念你的!"班长站在窗台上,对外面的末塔大声喊道。

5

"末塔,末塔。"半夜的梦里,突然有人这么叫着。

末塔居然知道自己是在做梦,就又不由自主地朝声音的来源望去。

只看到脚边,有一只大大的黑猫。

黑猫说:"我是猫之神,我想让你帮我传一个口信。"

"猫之神?口信?"

黑猫懒洋洋地说道:"你的班长,其实是一只猫嘛,它央求我,让我把它变成你的班长。"

"乱讲啊,那我原来的班长呢?"

"具体的事情比较复杂,不能告诉你。我只能跟你说,它变了几天班长,马上就要恢复成猫了。你之前的班长也要回来了。我怕这只猫完全忘记了这桩事,到时候会出岔子,冒出来两个班长,只好托你帮我捎个口信嘛。唉,猫局事务司的工作也不好做啊。"

第二天的清早,末塔早早地就飞奔到学校了。教室里那干干净净的样子,是昨天和班长一起打扫完的。这里没有其他人了,末塔的心"怦怦怦"地跳个不停。

教室的门打开了,是那个熟悉的人啊。

"班长,你是一只猫吗?"末塔对着他很不确定地说。

本来,末塔没想这么问的,可是昨天晚上的梦太逼真了。醒来后,就一直想,如果班长真的是只猫呢?

谁知道,班长冲着自己点了点头,"对,我是只猫。这是我最后一天做人了。"

6

世界充满着奇迹。

一个大大的地球,有许多大大的城市,每个城市里,有那么多的居民。在这样庞大的地方里,绝对可能会有一个小小的概率存在,那就是,有那么一只猫,一直都很心疼一个不怎么说话的女生,每次看到她天天最后一个放学回家,就会担心她累不累,看到她早上只吃那么点儿东西,就会担心她饿不饿。

于是这只猫就很想变成一个人,来照顾这个女生。那么,变成谁呢?有一天,她跟它说,班长居然会问她家乡是什么样子的,那高兴的笑容,就让猫这么下了决心:嗯,就变成班长好了。

　　这天放学后,"班长"还是和末塔一起打扫教室的。两个人都没有怎么说话,蓦地,末塔就想起了那个迷路的下午。他,不,这只大懒猫,就站在马路边上,一条腿翘起来踩在马路牙子上,一只手懒洋洋举着地图,为路痴的末塔指明该怎么怎么走。那真的是一个永远都忘不掉的下午。

　　"喂,末塔,我一直都没有说过,我从清晨到傍晚的那段时间在做什么。"

　　"在做什么?"

　　"我在找下一个主人啊,毕竟你是学生,又不能在宿舍养猫。我要找一个能给我提供食宿的。"班长举起手握起拳头,耍着宝,像招财猫一样来回摇摆着。

　　"还会变成人吗?"末塔有些好奇地问。

　　"每一只猫的一生,都只能变一次人,每次一星期,"他跳到桌子上,慢慢地,慢慢地开始转变成一只猫,"我要住在长春路口西街了,那里有一家人,之前经常喂我猫粮呢。"说完话,他的胡须就变成黑的了,身体也变成毛茸茸的了。

　　"我会常去看你的!"末塔说。

"最后一句话——你可要照顾好自己的,末塔,喵!"曾经那一只懒洋洋的大胖猫,又跳到了末塔的怀里。

窗外起了风,树叶哗啦啦响动。恍惚间,一只白色的猫像闪电一样奔过校门。那时候,末塔和怀里的猫想的都是:等到它能变成人,会选择变谁呢?

高脚杯里最后一个月光盛夏

陈小艾

嘿，我们一笑泯恩仇吧

主楼前的小广场上聚集了摆摊的大四学生，这是学校每年一度的跳蚤市场，姚曦予早早地就来到这儿，她想赶来淘点儿有趣的小玩意儿，当然最主要的是能见一见杨子昊。

杨子昊在主楼西边的大柳树下摆摊，姚曦予远远就望见了他，他身上套着去年她表白那天穿的蓝色T恤，当时姚曦予为了跟他看起来更登对还偷偷去买了一件一样的女款，让不知情的人以为两人穿的是情侣装。只是后来表白搞砸了，还害得杨子昊带领的校篮球队输掉了校际联赛中最关键的一场比赛，从此两人便形同陌路。

犹豫了一下，姚曦予还是决定过去跟他打个招呼。杨子昊正在低头玩那个切水果的游戏，显然没有注意她的到来，姚曦予小声嘀咕了句"真幼稚"，环顾一周也没见到他这摊位上有什么能让自己感兴趣的东西，便随手抓起一个大嘴猴抱枕问："这个多少钱？"杨子昊扫了一眼，继续盯着屏幕，"五块钱拿走。"姚曦予笑了笑，"给你十块，我要了。"杨子昊这才把头抬起来，见是她，愣了一下，继而笑着问："是不是不用找零了？"

"不用找零，就当给你凑个回家的路费好了，"姚曦予笑笑说，"不过你都是要走的人了，中午请我吃顿饭呗，最后的午餐。"

"成，那等我忙完叫你。"

姚曦予又拿起一旁印着詹姆斯头像的笔记本在手里晃了晃，"这个就当补差价了，别忘了打电话联系我。"

"还有什么喜欢的一起拿走吧，我们一笑泯恩仇吧。"

"那把你送给我好了。"姚曦予心不在焉地翻着手里的笔记本，风吹过树叶，"哗啦哗啦"的声响掩饰着她依旧怦怦直跳的小心脏。

穿情侣装的不一定是小情侣

其实姚曦予跟杨子昊认识已经很久了，那个时候她刚上大一，报名参加学校篮球啦啦队，不过落选了。那时刚上大二的杨子昊已经是篮球队的主力，训练完从操场往教室走的时候，被忽然冲出来的姚曦予给拦住了，"喂，学长，你篮球打得真的很棒，尤其是勾手上篮的时候简直帅爆了！只不过，我没选上啦啦队，但我一直是你的粉丝噢！"

杨子昊听得有些云里雾里，半晌，用疑问的口气问到道："请问，我跟你很熟吗？"

"没关系，我叫姚曦予，很快我们就会很熟的。"她笑得大大咧咧的。

杨子昊打量着眼前这个短发又有些胖胖的女生，忍住了想要告诉她想来啦啦队先减减肥留个长发的冲动，"很高兴认识你。"

从那以后，姚曦予每次在校园里遇上杨子昊都会像老朋友一样上前打招呼。慢慢地，两人也就真的熟了。她虽然不是啦啦队的成员，却显然是杨子昊最忠实的粉丝，不论严冬酷暑，他的每场比赛她必到。她大大咧咧的性格倒也很讨杨子昊的喜欢，没多久两人便默契合拍地称兄道弟了。

杨子昊的女朋友林菲儿在外地上学，他从初中就追她，直到高考完才修成正果。有一次，杨子昊跟女朋友闹了别扭，他叫了一帮兄弟在学校东门的大排档聚餐，当然也有姚曦予，他跟姚曦予吐露当年追女朋友的不易，泪眼婆娑地说道："你知道吗？我可能要失去她了。"姚曦予没往下追问，她只是听人说起过，林菲儿觉得异地恋太辛苦，想找个身边的人陪伴。

林菲儿来的次数明显少了，两人之间的关系脆弱如蛛丝。直到杨子昊冒着瓢泼大雨在篮球场上打球谁都劝不走，浑身都湿透了，当天就发烧进了医院，大家才知道他失恋了。

杨子昊消沉了很长一段时间，开始有人撮合他跟姚曦予，有次他跟又来撮合的哥们儿说："我不可能喜欢姚曦予的，我当她是哥们儿，她跟菲儿明显不是一款的嘛！"正巧被赶来的姚曦予听到。

姚曦予喜欢杨子昊，明眼人都能看得出来。否则大大咧咧的她也不会留长发、坚持减肥，上大学这一年多以来她瘦了也高了，加上原本便皮肤白皙，现在虽不能说倾国倾城，但也算得上长相标致。姚曦予花了两天时间在网上淘到了杨子昊和林菲儿在一起时穿的蓝色情侣装，又制作了表白用的条幅。

那天正是校际篮球赛最关键的一场比赛，赢了就有机会争夺冠军，姚曦予穿上跟杨子昊同款的情侣装，拉着"昊哥，让我做你女朋友吧"的横幅出现在了球场，她带了一干姐妹淘来加油助阵。上半场杨子昊带领的校队以微弱优势领先，姚曦予出格的助阵方式非但没有带来好的效果，反倒因为现场过高的注意力而使得杨子昊在非常关键的几个三分球上频频失误，最终校队输了比赛。杨子昊黑着一张脸过来的时候，姚曦予正跟最好的姐们儿商量晚上大家一起去哪儿吃饭庆祝。

"姚曦予，我上辈子是不是跟你有仇啊？你今天搞成这样，整个一行为艺术。你知不知道，拿冠军是几代校队人的梦想啊？这可能是我最后一次参加这个比赛了，你知不知道啊！我是不会喜欢你的，我以后都不想看到你。"

果真白那之后，杨子昊再也没有主动找过她，偶尔在路上遇到也装没看到，两人朋友圈子的交集原本便小，刻意避开之后便渐渐真的不来往了。

只是她一直想不明白，那场比赛究竟有多重要，竟让原本熟稔的两个人如今形同陌路了。

如果你的眼睛里有光

冷战一年之后，在杨子昊的毕业季，两人终于心平气和地坐下来好好谈一谈。

"祝你前程似锦。"姚曦予说。

"曦予，当时那件事，不好意思啊。一场比赛跟一个朋友，如果让如今的我来选择，我肯定选朋友。只是，那真的可能是我大学里最重要的一场比赛了。"杨子昊回应她，"在那之前，我在一场训练里受了伤，右腿膝盖处打了三个钢钉，钢钉取完之后两年内不能参加剧烈运动，当时我大三,是最后一次代表校队出战。"

姚曦予抿了抿嘴,"除了这个原因,还因为你是真的不喜欢我吧。"

杨子昊仔细打量着眼前这个女生,她早已不是第一次见到时那样,她穿白色蕾丝的裙子,长卷发随意地披在肩上,日光下像个一脸无辜的瓷娃娃。

杨子昊把到嘴边的话咽了下去。当时林菲儿答应他拿了冠军就和好的承诺如今看来像一记响亮又滑稽的耳光,蒙蔽了当时执拗不甘的内心。而今,佳人已去,旧情不在。杨子昊鼓起勇气说:"曦予,我喜欢你。"

学校东门到女生楼的那条路两旁铺满了绿莹莹的三叶草,小白花点缀其间,像是一床厚厚的锦被。姚曦予和杨子昊走在路上,迎面走来不少相熟的同学,大家有些好奇地打量着两人。

"曦予,刚才我说的话,不要往心里去,以后,我们永远都是好朋友。"

有什么话忽然卡在嗓子里,曦予说不出来。她抬头,迎上杨子昊的目光,他每一次看她的目光一如从前——有真诚,有关切,坦坦荡荡。她曾想,如果他说喜欢自己时眼睛里有光,她就答应。

女生楼下的梧桐树的叶子被风一吹"哗啦哗啦",像是小女生百转千回的心事。去年表白遭拒的那天,姚曦予抱着梧桐树哭了好久,来来往往的人都像看笑话一样对她指指点点，她就一直哭，一直哭，最后只有风吹过梧桐树的声响，来回应孤寂的她。

"就送到这里吧。"

"曦予，我……"杨子昊有些欲言又止，"对不起。"

高脚杯里再没有盛夏

杨子昊拖着行李箱走的那天，姚曦予远远地看到好多人去送他，他身上穿着那件蓝色T恤。姚曦予也穿了，昨晚她翻箱倒柜地把它找出来，因为好久没穿，上面满是褶子。

杨子昊的家在南方那座美丽的海岛上，那里的夏天特别长，不像北方这么四季分明。想到以后每年盛夏再也不能跟杨子昊一起对酒当歌，她忽然有点儿难过。

杨子昊跳上了校门前那辆17路公交车，姚曦予关上窗户，背贴着墙角说了句"再见"。

这是姚曦予喜欢的第一个男生，并且用尽那个年纪几乎全部的勇气对他示好，表达爱意。但很多时候感情这件事总是南辕北辙，她曾笨拙地用一颗少女心试着靠近他，等到他幡然醒悟，却过尽千帆皆不是。

姚曦予想，以后，她一定也会有这样一个男朋友，他打篮球很棒，吃饭不喜欢放香菜，衣服几乎是蓝色系和黑色系，会细心地揉揉她软软的头发，会记得每一个跟她有关的纪念日……那时她会长成一个温暖美好的女子，愿意为他洗手做羹汤。

那时，偶尔望一望过去的日子，她会记得当年神经大条不懂包裹自己一颗真心的心情。

她一个人去了篮球场，那里空空荡荡的，隐约好像听到有人在说："看，他们穿的是情侣装欸！"一转身，看到挂在天上明晃晃的大太阳，光线很足，刺得眼睛里都是泪。

月 半 弯

月下婵娟

日月其华的美少年

我知道彭毅是在很久以前，身为长平中学的一员，不知道风靡全校的校草级人物似乎是一件很丢脸的事情。我自认为不丢脸，是因为我知道他的名字，看到过他的人，也见识过他带领着一班的一帮男生将我们四班平素牛气冲天的汉子们在球场上打得鸡飞狗跳。

丁莉莉拉着我的胳膊指给我看窗外经过的男生，不无花痴地说："彭毅耶，帅不？"

"准确地说我没有看清楚。"我从浩瀚题海中挣扎着抬起头，看见长廊里远去的背影。这在我的同桌丁莉莉口中日月其华的美少年，正和我们班的班花雷美琴一路说笑着下楼去。

"果然彭毅这样的人，也只有我们班的雷美琴配得上。真是，美貌与智慧并重，伤害了我们这些围观群众的双眼……"丁莉莉不无感伤地揉揉脸，看见我又扎下头去盯着一道习题，推了我一把，"苏小桐你就不伤心吗？失恋了都不找东西弥补一下？"

我两眼圆睁地瞪着她，满脸的疑惑不解，"我失恋？"

"一中男友啊，等会儿回到寝室，不知道有多少的妹子要哀号了。"

长平中学是这小县城里排名第一的中学，这我知道，不然我爸妈也不会背着几大筐山货去求人让我进这所学校复习。而彭毅啥时候变成了全体女生的男友，我却是不知道的。

"为了抚慰我们失恋的心灵，苏小桐，等会儿我请你去吃鱼丸和臭豆腐好了。"

我站起身来往课桌里收着书本，又特意往丁莉莉身上瞄了一圈。

"我知道我知道，我前天还念叨着减肥。不是为了排解心灵的忧伤嘛，而且，苏小桐，"丁莉莉十分忧伤地捏了一把胳膊上的赘肉，"你看我在你的监督下减了几天，脂肪依旧韧如斯，体重依然无转移啊。"

我扑哧一声笑出来，一路和丁莉莉张牙舞爪地跑到学校门前的小馆子里吃臭豆腐。

吃得正欢时丁莉莉想起放在宿舍里的手机,"我妈说过这个点儿会打电话过来,便宜你了苏小桐,你真吃不完了就给我打包哈……臭豆腐和鱼丸我可都要。"人都跑出去了,还不忘回头叮嘱我。

我食指大动正准备对着端上桌来的臭豆腐大快朵颐的时候,小店的玻璃门一转,进来两个人。

门前明亮的灯光下,美如春花的少女,波西米亚风的长裙垂至脚踝,是一脸笑容的雷美琴。白衬衣蓝牛仔裤的男生,殷勤地替她拉开了椅子,又盼咐老板倒过来温热的牛奶,插好了吸管,才递到她的手中。

我坐在背光处,埋头大口地对付着盘中的臭豆腐,听见雷美琴推开了牛奶,娇嗔地说:"我就要喝加冰的苹果汁。"

"喝冰的不好吧……"

"你换不换?"

男生违拗不过地换了冰饮料,却依然自作主张地减了分量,叫了女生喜欢的小吃,满脸宠溺笑容地看着她在旁边一口一口地吃。

我身处的角落连灯光都变得暗淡起来,那些璀璨灯火,都像是有灵性般地汇聚在他温柔侧颜上。他浓而长的睫毛,清俊如远山眉峰,高挺的鼻梁,轻牵起的嘴角,如沐着春风的笑。那个和雷美琴坐在一起,浑身散发着粉红泡泡明亮光芒的人，彭毅。

谁人将你骄傲——践踏，打落成灰

我在那间小店的角落里佝偻了身子待到所有的臭豆腐都变得冰凉，才敢在他们身后慢慢尾随出来。

一中男友让所有长平中学的女生都失恋的时候，我在校园香樟树婆娑的阴影里看见彭毅和雷美琴牵手。

那之后这段恋情羡煞旁人，连政教处的领导们也都睁一只眼闭一只眼，谁都知道只要被笑言过的"长平之光"彭毅功课不落下，他就是天天和雷美琴出去轧马路也没人敢说半个不字。

"苏小桐，要不我们也分头去找个男朋友好了，你没看雷公主她现在学习上至少进步了一点儿吗，作业好歹也写一点儿了，总不至于交白卷。"丁莉莉看着雷美琴语文试卷上大大的鲜红色六十七分，眉目里有羡慕的神色。

我收了卷子塞到雷美琴的课桌里，不为所动。"你也知道人家外号雷公主，人家就是每门功课都拿零蛋，也没有什么关系。她有那个依仗，我没有。"

"真是现实的人生啊。雷公主拼的是爹，我这分数，拿回去就是坑爹。"丁莉莉愁眉苦脸地翻开了自己的卷子，逐字逐句地更正。我扫了一眼自己卷面上的分数，努力追赶还是比不上长平之光的那个一班男生。

雷美琴的父亲是这个小县城里数一数二的富商，他父亲手下有好几个石料厂，将绿树红花的青山夷为一个个土坡的雷大厂长向长平中学捐赠了一大笔资金修建图书馆，他的宝贝女儿雷美琴在学校里就是一个字不写，门门功课都不及格，也碍不上她是三好学生、优秀班干部。

"雷美琴的人生都是规划好的，像一条康庄大道，沿途风景无数，铺满鲜花。她哪里要像我们这般辛苦，头悬梁，锥刺股。"丁莉莉还在愤愤不平。

我笑着拉过她的卷子，用笔圈出一个错处，"你哪里头悬梁，锥刺股了，说得比古人都惨。"

高三的课业越来越重，每个人似乎都在铆足了劲儿向大考冲刺。在这偏僻的小县城，能够考上一所好的大学，决定着将来是会继续留在这里灰头土脸还是飞向县城外更高的天空。

我无心去关注同学们的其他八卦，谁和谁比较好了，谁做了谁的男朋友，谁和谁相约一起努力去考同一所大学。但雷美琴，这光鲜亮丽如白天鹅一般的女生，她的八卦，还是星火燎原一样的在长平中学的每一个角落里沸腾。

起初丁莉莉讲给我听时我并不相信，因为那被誉为一中男友的男生彭毅似乎并无女孩子不喜的陋习。他那样好，那样优秀，从远至近，从上到下，学业、人品、才能，还有丁莉莉跟我说过的，没有色相便不成偶像的外表。如果这样的长平之光也不能配得上雷美琴，我不知道什么样的男生才会让她心仪。

　　我心里的各种猜测和疑问终于在一次无可回避的亲见中成为事实。那天，周末，倾盆的大雨，我撑着伞在校门前等公交车，有着花朵一般美丽面孔的雷美琴化着精致的妆容，烟熏的厚重眼影将她十七岁的青涩纯真变得遥远，那是我所不再熟悉的陌生人。她上了一辆黑色的豪车，掉头离去。疾驰的车轮溅起一地水花扑上我的衣襟，我将伞低掩着，所以推着单车站在大雨中的少年没有看到我。我在那如断线珍珠般的雨帘里，看到一个少年飞扬的骄傲被一一踩躏，打落成灰，最后被丢弃在泥泞里。

　　不知道他有没有哭，他抹了一把面上淋漓的雨水，飞身蹬着单车在雨雾里绝尘而去。

　　原来并不是这少年有什么不好，跨进车门的雷美琴摇下车窗玻璃，不动声色地说了一句：" 我不想坐在苍蝇馆子里喝牛奶，也不想在雨天里还要和你挤公交车，我爸说得很对，跟你在一起，没有什么未来。"

　　雨水哗啦啦地淋着我，是冬天，天黑得早，公交车却迟迟不肯来，我索性背起了书包徒步回家。路途中，经过一家商店，衣衫褴褛的老人蹲在门前行乞，我看见那全身湿透的少年俯身下来，将一把零钱放在他面前。

你是我青春中最美丽的颜色

雷美琴还是坐在教室里与我们一同上课的，她不听老师讲，不做作业，上课时拿了一面小镜子对着描绘得异常艳丽的眉目细看。

课间的时候丁莉莉朝我努一努嘴，说："苏小桐你看。"

我看了。我想雷美琴其实从来不知道，她不事雕琢清水芙蓉的样子比任何时候都美好。这样浓妆艳抹的真是可惜。

那时我很有些感叹这造物弄人，那小心翼翼地被我放在心里珍藏的美少年，却被某人弃之如敝屣。

一中男友的彭毅再也没有舍近求远地从我们班级教室前经过，更不会在廊下一脸笑容闪瞎旁人双眼地等人。

偶尔有斯文白衬衣和休闲T恤，或者一身规整校服三分相似的男生从窗下晃过，丁莉莉和我不约而同回头，但都不是那个日月其华被誉为长平之光的美少年。

我只是听说，他愈发用功地读书，参加了好几个知识竞赛。球场上，英姿飒爽一脚远射，又或者跳起来扣篮，笑容是明亮和温暖的。想来年少时的爱情，未必无知，但经历过，却也有不一样的收获和成长。

他再一次在班级的足球比赛中将我们四班打得屁滚

尿流的时候，我没有对他投以鄙夷和不屑的目光。我和丁莉莉站在场外，两人拍着巴掌摇旗呐喊，连声叫好，收获了本班男生的无数白眼。那时，奔跑在操场上风一样的少年，明亮的笑容里盛满了阳光，大声地对我们说着"谢谢"。

冬去春来，山上花开。我们在学校老师的带领下去近郊的山上植树。丁莉莉在我使出吃奶的力气挖土坑的时候告诉我，雷美琴家的石料厂被查封了。"你不知道吧，苏小桐，现下雷公主家可是急成一锅粥了……早就该查封了，看看这绿水青山都成什么样子了。"

我吭哧吭哧地挖好了洞，拿不定主意种什么的时候，扛着树苗路过的彭毅递过来一株小松树。"树苗很健壮，根系也长得好，种了一定能成活，长得也快。"

他蹲下身来示范怎样栽种，考量树洞的深浅，山上的红泥在他洁白衬衣上留下点点污渍。他纤长十指触碰到我的手指，我在突然袭来的巨大心慌中抬头看他，那笑容温柔的少年，他的脸，他的眼，有我见过的这世上最美丽颜色。

我从来也不是你故事里的主角

我是在植树后的周二的晚自习后遭遇那一个故事的。当我锲而不舍将那几道习题做完，环顾四周，其他同学都已回了宿舍，正想抱怨丁莉莉这家伙也没有等等我时，在楼梯的拐角处，那空寂无人的小阳台，猝不及防地遇到了争执中的两个人。

长发束成马尾的雷美琴，一双眼睛水汪汪的，似是哭过。白衬衣挽到肘部的彭毅，逆着楼外星光站在绰约灯影里，有了一个少年男子初长成的坚毅样子。

我完全不知道这场意外，会将我撞进这一场风花雪月的缠绵里。我的心在胸腔里急剧地狂跳起来，我想我夺路而逃会是最好的选择。

"我说得还不够清楚吗？雷美琴。"面前少年有着清朗好听的声音，但我想他到底不是说给我听。我悄无声息已经要顺着楼梯溜下去。

有人捉住我，拉着我的手腕带回来。似乎是要我见证和参与什么。

雷美琴这样的女孩子，相信见过她的人都不能忘记她的美丽。无论多么讨厌她的人，也不能不承认她长得美。

她站在阳台略显冷清的灯光里，眼里有挣扎的泪意。"你说你已经有了喜欢的人，她吗？苏小桐吗？你以为我会相信！"她捂住面孔，却没有能够忍住哭泣，"你说过你喜欢我的。你明明说过的……"

沉默的少年没有分辩，我恍惚想起我第一次看见他们，在校园前的小店子里，那娇纵的女孩子要用热牛奶换一杯加冰的苹果汁，少年的妥协与呵护。

我也看见,那日在大雨中,她如何弃他的尊严与爱意于不顾,令他的骄傲破碎在泥泞中。

"我很抱歉。"白衣的少年轻轻地说,然后拉着我转身下楼。

被他拉住的手滚烫,不明白自己在这场意外里扮演了什么角色。

"她在哭……"楼道里我的声音干涩。我听见雷美琴任性的哭声,谁都知道那是挽留。

"她会好的。没有人再娇纵她,她就会学着长大。"

"那个……你……她已经看不见了……"其实我是想说,我这个临时道具可以下岗了,他现在可以放开我的手了。他的演技很赞,弄湿了女主角的脸,被人负情过的伤痛,嘲笑过的自尊,早已扳回一局,赢得利落漂亮。

那是一段漫长的路,走下楼梯,在校园里漫步,穿过香樟树和宿舍楼前的花圃。静夜里有歌声流淌,葳蕤植物的香气,深蓝天幕上升起了新月一弯,这样的场景,这样的一程陪伴,如童话一般。身边的少年回过头来,浓而长的睫毛,清俊如远山眉峰,高挺的鼻梁,轻牵起的嘴角,如沐春风微笑。

"我很抱歉。"他面上诚恳的表情,让人见他这样内疚,无论如何也要原谅。"苏小桐,我知道你,谢谢你。"他郑而重之地握了一下我的手,将我的指尖,在这个凉风习习的春夜,重重握在他的手掌中。

我如何再舍得埋怨？

暗恋如一朵花开

　　书上说，唯咳嗽、贫穷与爱不能隐藏。其实是能隐藏的，在我贫穷家世下，对彭毅那初相见就暗恋般的喜欢。

　　我曾经舍近求远地跑去一班，向并不熟悉的同学借一本笔记。那女生由衷地说我勤奋，她并不知道，我坐在她同桌的椅子上，想起一个少年每日伏案疾书的样子，那课桌细腻的纹理在我的指尖下也会有迥然不同的意义。我不会跟任何人说，是因为这张课桌的主人是彭毅。

　　我在丁莉莉八卦同学小道消息时双耳如雷达，从未遗漏过关于这个有"长平之光"美称的美少年的半点儿消息。我握着笔，在练习册上画下某个符号，丁莉莉从来没有猜对过那些字符的含义。

　　他是那样光芒璀璨的男生，总会有智慧与美貌并重的女孩子来喜欢。这智慧与美貌并重的女孩子绝不会是我，将一颗暗恋的心藏在平凡外表和平庸成绩下的我。

　　我俯在女生宿舍的楼廊上看他无声走远，叫作彭毅的美少年。栀子的清香令人恍惚，天边新月弯弯，如水清辉漫过香樟树婆娑枝叶，洒在他洁白衬衣上光影斑驳。长平中学里乍一相见就惊艳我十七岁青春年华的美少年，他从来也不用知道我的爱慕和喜欢，也不需要回应我什么，他存在在这个世界上就很好。

唯善意、时光与爱不可辜负

两个月后我参加了高考,放榜的那天,丁莉莉打来电话问我:"你考上自己心仪的大学没有?"

那时青山环绕,开春我们植下的松树苗已长高了不少,我说:"有啊,我喜欢的师范专业。你呢?"

话题拉开总是没完,最后,我状似无意地问了一下一班的彭毅。丁莉莉嘻嘻哈哈地回答我:"美少年啊,他当然考上了,北京的大学,要去首都呢。"

电话挂断后我站在山野里听风声长吟,我知道我的美少年,从此以后他将与我天南地北,茫茫人海再无交集。他从来也不会知道,这世间再也没有人知道,长平中学有个女生,曾经默默暗恋他好多年。但没有关系,一切都没有关系。这世上,唯善意、时光与爱不可辜负。我的美少年,他必定会满怀善意,在此后漫长时光中与所爱之人永不相负。

原谅时光，记住爱

于半叶，请自由奔跑

陌 忆

1

我只不过是要回家而已。我只不过是路过小巷而已。我只不过是看到两个男生在欺负一个小女孩儿，在那一瞬间正义感突然暴涨而已。我只不过走过去拉住小女孩想帮她一把而已。仅此而已，可为什么还是挨了一棍子？

可恶的是，打我的是一个女生。她拿着一根棍子站在巷口旁怒气冲冲的，像是只要点个火就立马爆炸的爆竹，那两个有贼心没贼胆的懦夫竟然在这个女生赶来之前就跑了，剩下一个哭泣的小女孩儿还有一个一米七几的大男孩儿，可想而知，不知情的人当然以为是我欺负了这个小女孩儿。

"呸！亏你还是个男生，欺负一个这么小的孩子你不觉得羞愧吗？"女生瞪着眼，抡起棍子又想继续打我。

开玩笑！被无缘无故打一下很是吃亏了。我伸手抓住棍子的一端，冲着女孩儿喊道："你知道你打的是谁吗？"其实我想说的是你知道你打错人了吗？

"你爸是谁都照打不误。"别看这女生挺瘦小的，力气却很大。"咻"的一声从我手上夺过"武器"，以迅雷不及掩耳之势又拿棍子往我身上打"招呼"。

"姐……"那个小女孩儿终于说话了，她走过去拉了拉女生的衣角，低着头，声音也小小的，"姐，这个哥哥是要帮我的，你别打他。"

苍天有眼呀！我抱着双臂站在女生面前，朝着闻言有些惊讶的女生笑得那叫一个春风得意。

"这两棍子，"我伸手摸了摸自己的下巴，啧啧道，"你说，要怎么算？到医院拍个片子吧？说不定会有后遗症什么的。"

"我又没那么用力，而且你不是男生吗？这么不经打？"女生撇嘴，神色有几分尴尬，"不然，你打还给我，这样就扯平了。"女生把棍子塞在我手里，仰起脸毫不畏惧地直视我，表情像个战士。

"哥哥，"那个小女孩又开口了，这次她抬起头看了看我，眼睛湿漉漉的，她说，"哥哥，你不能打姐姐，你是男孩子。"

原谅时光，记住爱

173

赤裸裸的男女歧视呀。我当然不会打还，这点儿风度我还是有的。

"好吧。"我假装很是为难，叹了口气，略弯下身凑到女生身前，刚要抬头，后背又被狠狠地捶了一下，伴随女生愤愤不平的声音，"流氓！"

"你看清楚状况再打人好吧？我就是看你胸牌上的名字而已，你要是个男的我非得揍到你喊我太爷爷不可。"

"这样啊……"女生脸上总算有了一点儿愧疚之意。她有些不自然地理了理额上厚厚的刘海儿，眼神四处游走，最后定格在小女孩儿身上，牵起她的手，说："回家吧。"

然后，然后就没有然后了。这个一见面就打我三次的女生，竟然连句道歉都没有就这样走了。如今人都可以这样猖狂吗？

想起刚才看她胸牌上的名字，好像叫于半叶是吧。不仅人奇怪，名字也奇怪。

那个小女孩儿转头看我，嘴巴张张合合。那嘴型，应该是说"不好意思"吧。

哼，于半叶，感谢天感谢地感谢你妹妹吧。反正是同一个学校，来日方长。

2

第二天早读课后,我趴在桌子上玩手机游戏,突然听到有人叫我:"林牧,你出来。"

女生的声音不大但很冲,粗略一听还以为是讨债的。我抬头看向教室门口,竟然是于半叶。不对,明明是她先动手打人的,现在她这副"气势汹汹"的模样是什么情况?

"呦,牧哥,行情不错哦。你是欠人家钱了还是骗了人家小女孩儿感情了。我跟你说呀,除了钱以外任何东西都还不清的……"后桌的"耗子"喋喋不休,我把他桌上的薯片全都塞进他嘴里,拍了拍手离开座位。

"对不起。"在我还没说话之前,女生已先发声,"昨天我以为你欺负我妹妹,才动手打你的,我道歉。"

我看了看面前的女孩儿。她是在道歉。可是你仔细看她的神情,没有半点儿低声下气的感觉,语气很随意,好像事先已经准备好了台词,照着剧本讲就是了。

我挑眉。其实这也算是很小的一件事儿,人家都已经道歉了,点个头说句"没关系"也就过了。只是,就是想挫挫她的锐气。于是我说道:"道歉有用的话还需要警察干什么?"

我想要是这话被"耗子"听到,他肯定会狠狠捶我一肩膀，然后唾弃道："你装什么啊！"

好吧，其实说完这句我也忍不住要暴走。于半叶没说话，只是眼睛一直盯着我看，在她赤裸的目光下我无所遁形。

这眼神……不得不承认，我被她看得有些发怵。有些人就是这点厉害，她不用费口舌去讲一些有的没的，只要一个眼神就可以令对方节节败退。

"这样吧，"突然想起这几天网上疯传的视频，于是我说道："要不放学后在操场跳段《江南style》？"我不动声色地看她听完我的话后的脸色。小样儿，就不信你不会甩手走人。

可于半叶只是皱了皱眉，半晌问道："《江南style》？比《忐忑》差多了好吧？你的要求怎么跟你的人一样没水准。"

于半叶，你说话能不能别那么欠扁？！

我原先就是想看于半叶吃瘪的样子，没真想让她在大庭广众之下跳那"骑马舞"。只是于半叶这女生，总有一些让人意想不到的固执。

下午放学，我正准备收拾书包回家，"耗子"匆匆忙忙地跑进教室，像发生什么重大事件地叫道："大新闻大新闻，年级第一的于半叶要跳《江南style》啦，免票观看，机会仅此一次，速来围观啊！"

我走到操场时，里里外外已经围了几层人。不得不说，大众传媒果然是现代文化传播的主要手段。一段连歌词都听不懂总是人物跳那几个动作的网络视频竟然可以产生如此大的影响力。人类的从众心理真是日益增长啊。

周围的人可能是把于半叶当成动物来围观了，有欢呼声有口哨声，还有些人蠢蠢欲动想参与其中。我旁边一位仁兄举着他的iPhone手机显摆着说："照相传微博呀……"而后又嘀咕道，"晕，只是摔一下竟然就卡了。"

我黑线。大哥，拿部山寨机有啥好炫耀的？我的诺基亚还可以砸核桃呢。

最后我还是挤进人群，二话不说就拉住于半叶把她带出人群。她脸上有一瞬而过的错愕，我看得很清楚。

这个举动无疑又让人发出一声声怪叫了，"耗子"更是不停地叫道："牧哥，英雄救美，下一步就让她以身相许吧！"

要是我手边有块石头定把"耗子"砸得满地找牙。所谓"狗嘴吐不出象牙"指的就是"耗子"这一类人。

刚走到校门口于半叶的声音就懒懒地响起："喂，你要拉我的手到什么时候？"

闻言我连忙松手，不知道为什么就开口向她说道："于半叶，这么倔强有用吗？说个'不'字能要你命吗？"

她的眸光闪了闪，最后只是抿抿唇。然后说："反正现在我当你是接受了我的道歉。有事先走了，拜。"

真是……我朝于半叶的背影翻了好几个白眼，哪知她突然转过身，我的表情在一瞬间变得有些扭曲，翻白眼就变成了斗鸡眼。该死的，于半叶竟然扑哧一声就笑了，虽然笑容只是停在表面，浅浅地一笑而过。然后我听到她的声音也轻轻的，"虽然没什么大不了，但还是谢谢。"

谢什么呢？是因为昨天帮了她妹妹？还是接受她的道歉？抑或是拉她走出围观人群避开了那些看好戏的人？

虽然于半叶没有女生的温婉柔顺，性格倔强又太要强。但是她的笑容，嗯，还算顺眼。

3

话题这东西是很容易产生的，在人满为患的地方更容易滋生起来。比如爱聊八卦的街坊们，比如车水马龙的大街，比如永远不会缺少八卦话题的学校。

在"耗子"第二十二次问我是不是暗恋于半叶才制造那么一次机会时，我终于忍不住把书往桌上一摔，很淡定地说道："周文豪，其实我喜欢你！"

"耗子"正在往嘴里猛塞薯片，闻言半张着嘴，以表示他的不可思议。他手里的薯片也很应景地掉在地上。

此刻这只死耗子是什么表情？他，他竟然给我低下头去了，而后半是娇羞半是欲语还休地瞄了我一眼，然后甚是认真地回道:"林牧,你知道的,感情这事儿是勉强不来的。"

"勉强个鬼。"我差点就脱口而出了。

这几天我也断断续续知道了于半叶的一些事。成绩好,就是喜欢独来独往,但在班级里的口碑算是挺好的。很多次我在放学铃声一响时马上跑出教室,却在走廊上望见于半叶已经跑下教学楼,快速走到车棚,骑上自行车就走了,留下一个匆忙的背影。

不用这么急吧?于半叶,到底是个什么样的女孩儿呢?不知道为什么突然对她产生了一些好奇。

一天放学后刚走出校门,就看到一个小女孩儿站在门口挥着手向我打招呼。我看着她小小的个子还有笑得很甜美的脸蛋。呃,这不是于半叶的妹妹吗?

"小家伙,你来找你姐吗?她早就跑了。"我走近。小女孩儿眯着眼对我笑,露出一颗很可爱的小虎牙。

"我姐姐去打工了,我来找你的。"小女孩儿说着就拉着我的衣袖往前走。

没想到这小女孩儿带我去的地方,竟然是麦当劳。

她拍了拍口袋,像藏了很棒的宝贝似的向我炫耀道:"我有带钱的。哥哥你前几天帮我,我请你吃麦当劳。"

这口气。我笑了笑,说:"好,你请客。"

我没想到的是,小女孩儿是第一次来吃麦当劳。当她踮着脚站在柜台旁看着花花绿绿的食物菜单时,突然像泄了气的小皮球变得垂头丧气。低着头又扯了扯我的衣角,细声细语道:"哥哥,我带的钱不够吃两个人的份,我请你吃棉花糖好不好?"

我蹲下身揉了揉她的发顶,她皱巴巴的小脸显得很可怜。我说:"好,你请我吃棉花糖,那我请你吃麦当劳吧?"

她睁大了大眼睛,说:"那哥哥我要买好多棉花糖给你了,姐姐说吃多会长蛀牙的。"

我一下子就笑开了。真没想到,于半叶的妹妹竟然如此可爱。

小女孩儿的名字叫于然,今年七岁。我还知道了于半叶的另一些事。例如她们现在住在二叔家,于然说她们的父母都在外地打工,很久才回家一次。例如于半叶每天都很忙,早上5点就送报纸和牛奶,中午帮饭店送餐,放学吃完饭还要去二叔经营的大排档帮忙,回家后还要完成当天的作业。我现在终于知道为什么每天于半叶都那么匆忙地离开学校了。

我问于然:"是不是觉得你姐姐很厉害?"

于然听我这么一说眼眶红了,她抬手揉了揉眼睛,抿了抿嘴唇说:"姐姐说她是超人,她不会辛苦。"

我心里骤然五味杂陈。

回家的路上于然一直絮絮叨叨地同我讲话。走到巷口时就突然躲到我身后。我抬头看到于半叶三步并作两步地朝我们跑来。看到我时眼里闪过诧异和不解，向我点了点头算是打招呼，然后又板起脸冲着我身后的小家伙喊道："于然，你竟然给我逃课？还躲在别人身后？出来！"

"喂，于半叶，是我带她去吃麦当劳的。"

于半叶的视线轻飘飘落地在我身上，下巴微微向上扬。此时无声胜有声啊。不就是叫我别多管闲事嘛。

于然拖着脚步慢吞吞地走向姐姐。她悄悄地抬头打量了下于半叶，而后撒娇般地拉着她的手软声道："姐姐，别生气。"

我似乎听到于半叶轻轻叹了一声，然后伸手捏了下于然的脸蛋，无可奈何地一笑，脸上有一闪而过的宠溺。

很少可以在于半叶脸上看到这么丰富的表情。其实说真的，于半叶笑起来的样子，挺好看的。

"多少钱？"于半叶突然抬头问我。我还停留在她脸上的视线与她碰了个正着，这时我才发现，她的眼睛很黑很漂亮。

"什么钱？"我悄悄转了下头，打死我也不会告诉你们我刚才其实是觉得有点儿不好意思。

"是你请于然吃麦当劳的吧？我还你钱。"

"这个，"我确实没想到于半叶会扔来这么一个问题，"算我请于然的，而且她也请我吃了棉花糖，对吧？"我朝于然笑了笑。

可是于半叶固执起来估计连头牛都拉不回来。她最后还是把于然吃麦当劳的那份钱塞到我手里。她说:"除了钱以外什么东西都还不清。"

呃,这话怎么听着那么熟悉?

我假装很无奈地对于然说道:"小家伙,这样算起来我还欠你几只棉花糖呢,都怪你姐姐。"

于然朝我眨巴了下双眼,很可爱地嘟着嘴附和道:"嗯,姐姐坏。"

"你们俩……真是。"于半叶抿唇轻轻地笑了,左脸颊深深地凹了一小块。而后她向我说道:"谢谢你,林牧。我很少看到于然那么开心。"

"不客气。"这是于半叶向我第二次道谢。我相信她是真诚的,因为她嘴角扬起的弧度在我看来恰到好处。

4

我想我和于半叶也算是不打不相识吧。很多次我路过她们班级时都会看到于半叶安静地坐在座位上,不是写字就是帮同学讲习题。窗口的阳光正好,透过密密麻麻的根枝在她脸上洒下斑驳不一的亮斑。她讲题时头习惯微微一斜,眼神专注,有时嘴角还会扬起浅浅的弧度。我站在走廊上,隔着一面玻璃还有两行座位的距离,可于半叶的每个神情我都看得很清楚。

我问"耗子":"突然莫名其妙地关注起一个人是不

是对她有好感？"

"耗子"很直截了当地回道："你干吗不直接说是慢慢喜欢上人家了？"

我想于半叶一定是个有故事的女孩儿。不过每个人都有一个别人无法窥视和涉足的秘密花园，所以当我有次无意问起"你为什么要那么努力打工"时也没想她会回答我。

当时，我们手上都搬着刚从办公室拿到的练习本，于半叶是班长，而我是被当作苦工来使唤的。

"如果我说是因为妹妹病了我要挣钱医她你信吗？"她说得从容不迫，低头看着脚下的楼梯。

我微怔，忽而一笑，"我会当你是在演电视剧。"

她也轻轻地笑了，略有些自嘲地说道："也对，我才没那么伟大呢。"

虽然于半叶不是娇生惯养的小公主，不过把一摞书搬到六楼也确实有些吃力。我腾出一只手，从于半叶手里拿过几本减轻她的一些负担。她习惯性地皱眉想要拒绝。我颇有些无奈地说道："女生要适时地扮下娇弱才惹人怜爱。"

于半叶蹙着眉想了下，慢吞吞地答道："那不是犯贱吗？"

我决定还是保持沉默吧。

当你慢慢关注起一个人时，你会发现这个世界越来越小，好像在哪里都可以碰到她。

学校的操场、楼道、走廊、车棚，甚至办公室。我喜欢看于半叶走路的身影，瘦削的身材，永远挺直的背脊，还有束在脑后高高的马尾。我觉得她是适合在阳光下奔跑微笑的女孩儿，因为她有着那种张扬和明媚。

一个早上当我在门口又和于半叶碰面时，她问道："林牧，这几天怎么老是看到你？"

我还没回答，"耗子"就冲出来插嘴道："喜欢你呗。"

我狠狠地踩了"耗子"一脚。"耗子"对我龇牙咧嘴地喊："我是在帮你告白！你个死没良心的！"我真觉得他如果穿越到古代去当个青楼老鸨一定非常吃香。

于半叶此时那种又倔又拧巴的表情又来了。她看了看耗子，又把目光悠悠转向我，眯着眼把我上上下下打量了一番，慢悠悠说道："打两棍子都说要去医院拍个片子的人不咋样。"

我被于半叶这么一句话给噎住了。第一次被她打两棍子时我确实跟她开了个玩笑，没想到被她用来当作拒绝的借口。原来于半叶不仅性格倔而且还记仇。

"怎么办？于半叶好像不喜欢你啊？"

"我说耗子，要不我们在一起吧？"说完很满意地看到周文豪同学一脸吃到死苍蝇的样子。

5

虽然告白失败，不过再见到于半叶也没什么好尴尬的，而且依照于半叶那性格应该是把它当成玩笑了。她依然每天努力打工，我也依旧过着我甚是无聊的日子。

有天傍晚在我做完值日准备关门时于半叶突然拦住我。她说："于然住院了，她说要找林牧哥哥。"

于然穿着宽松的病服坐在床上玩着泰迪熊。还有一个女人陪在她身旁，于半叶说那是她二婶。

女人很亲切地对我微笑。于然一看到我就抛下泰迪熊朝我伸出双手，声音甜甜的也软软的，"哥哥抱。"

于半叶敲了下她的额头，说："胡闹。"

我走过去，轻轻拥抱了下于然。

几天没见，感觉于然又瘦小了很多，拥抱起来更像是抱着一只小猫。她在我耳边轻轻说道："哥哥我很乖，你让姐姐不要担心，不要哭。下次我不生病了。"

我揉了揉于然小小的脑袋，说："那就快点儿好起来。小家伙，然后我们再去麦当劳，这次别让你姐姐发现了。"

我看向于半叶，她嘴角噙着笑意，整个面部都变得柔和生动起来。我想只有面对她妹妹时，她的喜怒哀乐才能表现得那么明显。

夏天夜晚的星空深蓝深蓝的，微微的晚风吹过脸颊有种凉凉的气息。我和于半叶站在医院大门口,她深深地吸了一口气,然后说:"我和于然小时候就被我爸妈寄养在二叔家。有天晚上我被于然叫醒,她推着我的肩膀说'姐姐我头疼,呼吸不过来了'。可是当时我很困,只跟她讲了句'别吵我睡觉'就没再搭理她了。第二天起床才知道于然生病了,感冒发烧,差点儿引起肺炎。二婶那次很生气,第一次动手打我,她说'半叶,你知不知道差一点儿你就失去妹妹了'。那时于然只有三岁。"

于半叶扬着头看着夜空,她的声音低沉如水,"你知道于然那次被我二叔抱出医院时对我说什么吗?她说'姐姐,对不起,我把你吵醒了',她一说完我马上就哭了。那次之后好像就落下了病根,一旦发烧感冒就会呼吸困难,严重的话还会陷入昏迷,像现在这样要在医院住上好几天。"

"林牧,我跟你说过我没那么伟大吧。这是我欠于然的,我欠她一个可以像正常孩子无忧无虑长大的童年,所以只能尽我所能保护她,让她快乐。"

原来这就是于半叶为什么总那么倔的原因,是现实推着她前进的。我侧头看她在夜幕中瘦薄的身影,心微微一疼。

"林牧,"她叫我的名字,"于然以后长大想明白这事后一定会很怨我的对吧?"

"于然很乖,她很爱你这个姐姐。而且,你们是彼此生命中的天使。于半叶，不要画地为牢禁锢自己，朝前跨着大步奔跑或许会海阔天空。"

于半叶久久没有说话，我以为她是被我这话感动了。没想到她竟然抱了抱自己的胳膊，说道："怎么听你说这话我感觉一阵恶寒呢？"

"喂，于半叶，你别这么忽视我的存在感好吧？你要知道说这话时我得先酝酿下情感，恶心恶心自己。"

于半叶似乎轻轻笑了一声，然后她转头看向我，天边的星子像是落入了她的眼里，泛着闪闪的光芒。

"林牧，谢谢你听我的故事。"

6

生活依旧如一潭死水缓缓地流逝着，偶尔有点儿新意也被时间磨得消失殆尽。这次于然出院我也一起去了，她的小脸苍白但是笑起来还是非常可爱。她冲我眨眼睛挥手，我蹲下身摸摸她的脑袋。

"林牧哥哥，你喜欢我姐姐对吧？我也很喜欢你的，可是我要把最好的东西留给姐姐。"

这话从一个七岁小孩儿的口里说出来我真有点儿哭笑不得。我假装很懊恼，"啊？你说我是东西呀？"

"不不不，"小家伙摇摇头，然后很认真地答道，"哥哥不是东西，真的不是东西。"

听到此话的人都不约而同地笑了。我抬眼瞪了下离我们最近的也是笑得最欢的于半叶,果然是姐妹齐心。

有次放学后于半叶的车链断了,我们一起推着车并肩走。我突然问道:"于半叶,你觉得我是个什么样的人?喂,别再拐着弯子骂我了。"

"真实。"于半叶不假思索地答道,"虽然有时很幼稚,但是林牧,你让我觉得真实。"

"那你喜欢真实的人吗?"我问道。其实心里还是有点儿紧张的,要是下一刻她大笑出声要怎么收场啊?

于半叶偏头看了看我,澄亮的眸子明灭不定。然后她推着自行车又朝前走了几步,我抓住她的车头,有些无赖地说道:"杀人不过头点地。我可是悬着一颗心问你话呢。拒绝的话也要干脆点儿对吧?"

她低着头像是在思索着什么,突然扬起来,手指着我身后天边的某一处,我第一次听到她那么大声地说话:"林牧,你快看,粉红色的猪在飞!"

我竟然神经反射地很白痴地听她的话转头向天边望去,然后几乎在同一时刻左脸有温热的气息落下,像是羽毛拂过脸庞轻柔的触感。我怔怔地转过脸,于半叶已经推着车在距离我几步远的地方了。她笑得眉眼弯弯,冲我喊道:"我很忙的,你还不快点儿走?"

我这才回过神儿。刚才,是有发生了什么事对吧?

原谅时光，记住爱

溪 夏

1

记得叶阿姨说过，我出生时，正好是春天，当时十分温暖，妈妈便给我起了林暖这名字。叶阿姨对我说这些话的时候，轻轻抚着我的头发。她的手指干燥而温暖，不像妈妈的手那样凉。我闭上眼睛，叶阿姨就出现在我的脑袋里，她微笑着说话的样子很好看。

去教室的路上，我看到远远站着的李海，我看不清楚他的表情，却能感觉到他周围冰凉的气息，要知道，此间正是盛夏。我甩掉袖子上的一粒泥土，飞快地走开了。

下午上了两节课后，我趴在桌子上昏昏欲睡，忽然有人站在面前，挡住刺眼的光线，我抬起头看，是李海。

"林暖，我不会放弃的。"

李海已经算得上很低的说话声，却惊动了全班人，他们往这边看来，我立刻低了头。李海向来是容易引起女生骚动的那类人，我却不喜欢成为众人的焦点。我转头看向窗外，看几米外的窗台边，那抹熟悉的身影是否在倚着墙发呆。

透明玻璃窗映出的影子里，我看见李海眼里明亮的光和神采飞扬的脸忽然就黯下去了。"你很轻易地控制了我的情绪，林暖。"李海这样说。

李海说完这句话就回到他的座位上去了，他没有发现我的睫毛在剧烈颤抖，这通常是我在感觉震惊时的反应。

冥冥之中，世间万物好似皆被同一条生物链牵制。这世界没有人能真正地做到不以物喜，不以己悲。若我能左右李海的情绪，那么定有人可以掌握我的喜怒，恰好就有这么一个人可以时时影响到我，他就在我的隔壁班级里，他叫徐宏明。

2

年级大会上，英语竞赛的获奖名单里，我的名字排在徐宏明后面，他第一，我第二，一个叫聂琪琪的女生第三，市里的前三名竟然都在我们学校。我们三个人站在领奖台上，接受着老师赞赏的目光和台下的羡慕、嘲笑或是奚落。要知道，林暖只是个成绩及相貌都极其平凡的女生,可是现在我的身边站着的是年级里成绩人气都旺的俊男和美女,台子下面定有不少人羡慕我,我自嘲地想,谁又知道林暧唯一的优势就是英语呢。

我离徐宏明这么近,一想到这点,我就把所有的嘲笑和自卑统统抛在脑后了,我不时地往左边瞄几眼,徐宏明的脸上没有太多表情,他在任何时候都是很安静的样子。看向徐宏明的时候,我发觉那个叫作聂琪琪的女生也把视线定在我身上。

后来一整天的心情都很好,下午放学,我推着车穿过如水的人潮,到后来越走越慢,有风一样的少年从面前倏忽而过,虽然他骑车的速度很快,我却一眼看出来,他是徐宏明。他的身影很快被夕阳的余晖拉长,我低着头慢慢地走着路,心中如坠落的夕阳一般惆怅。

忽然有人挡住了晦涩的视线,看清楚是谁后我吓了一跳。徐宏明站在面前,我只看到他漆黑的眼睛如水一样流转着光芒,他说:"咱们家好像离得不远,走吧,我们一起回家。"

我默默地蹬上车子,随着他一起走。徐宏明在岔路口单手扶着车把,另一只手向后挥了挥,说:"明天见。"他若这时转过身来,定会发现我的脸已红得像天边的霞光。

一家人默默地吃饭,爸爸问:"上次测验考得怎样?在班里排多少名?"我缩回了正要夹菜的手,默默地扒着碗里的白米饭,他忽然把筷子往桌子上一摔,把我和妈妈、弟弟吓了一跳。他说："我怎么就养了个你这样不争气的女儿，从小到大你花了老子多少钱了，成绩还是这样令人抬不起头。你说老子养你有啥用？"他越说越生气，最后他的筷子都快戳在了我脸上。

妈妈在这时候终于开口了。

我拉着弟弟去我的房间，楼下的声音终于被墙壁隔绝。这样的情形，从小到大我已经历了无数次，到现在已然能在他们训斥的时候保持着一副波澜不惊的样子。

十四岁的弟弟愤愤地说："姐姐，等长大了我对你好，我不骂你。"我看着弟弟天真的脸，眼睛忽然有些湿了，他怎么知道，正是由于他的存在，我才会变成花了很多钱的多余的那一个。

3

叶阿姨于我，才是最亲的人。小时候我是跟着叶阿姨长大的。我两岁那年，弟弟出生。叶阿姨因为不能生育，姨父跟她离了婚，叶阿姨没有孩子，她很乐意照顾我。

爸妈每个月都会把我的生活费给叶阿姨，对我来说，叶阿姨家才是我真正的家。可是在我读初中的时候，叶阿姨忽然被查出来得了胃癌，没过多久就去世了。

我一直觉得自己是这个家的亲戚，或是这个家的罪人，总之是局外人。爸妈跟我客气了一段时间便开始不耐烦了，他们嫌我成绩不好，嘴又笨不会讨人喜欢，于是我更加沉默，更加想念叶阿姨。

可就是这样丑陋自卑的我，竟得到了李海的喜欢。他说："林暖，为什么你总这么孤单，我来陪你好吗？"

我很吃惊，但还是很快就镇定下来，我说："我很好，不需要别人陪。"

于是有越来越多的女生说我假清高，装可怜之类的话。我只是低着头从不辩驳她们。她们怎会知道，我的心里，早已住了另一个纯白少年呢？虽然李海性格温和，女孩子和他在一起总觉得如沐春风，可我觉得自己和他是两个世界的人。那样从生来就一帆风顺被家人无比呵护的男孩儿，不是我这样的人可以与之相配的。

徐宏明虽然成绩、长相都好，女孩子却不敢同他搭讪，或许是因为他对女生过于冷淡。我喜欢的人，从来也只是安静的，我很清楚我的喜欢，不是一时兴起的好奇心，不是为了彰显自己与他人不同，只是单纯的喜欢。

下午放学去推车的时候，又碰到徐宏明。他说："一起走吧。"我说："好。"

一路上我都涨红着脸，幸好徐宏明没有看我。我想着，如果我们的家都住在很远的地方就好了，最好骑车两个小时也到不了。又到了岔路口，徐宏明说："明天见。"我忽然兴奋起来。

4

有人说林暖最近交了桃花运,竟同时与年级里最优秀的两名男生要好。

我觉得可笑。他们只看到事情的表面,其实我与李海和徐宏明都不算很熟,我不知自己身上有什么特质吸引了李海,可是你知道,我是个固执的人。无论和徐宏明之间是怎样的若即若离,我也不会退缩。

不久的篮球赛后,李海说:"林暖,我不会放弃。"我忽然愣了神。我知道李海为何打动不了我,他不会像徐宏明一样,好似漫不经心的样子,却什么都看到眼里。内向的我对爸妈对同学都无法说出来的隐疾,徐宏明全都了解。我也知道,饮料他喜欢可口可乐,歌手他喜欢吴青峰,演员他喜欢陈晓。

也许少年时代的情感,都是这般单纯而执着。只因为他的背影,或者某些相同的习惯和爱好,或是与同龄人不同的气质。只是,他注意到的某个人,会是哪个幸运的女生呢?我抬头看天,没有夕阳红霞,只有无尽的阴霾。

我知道那个幸运的女生是谁了,是聂琪琪,那天一起走上领奖台的女生。她堵在我回家必经的路上。她说:"你最好离徐宏明远点儿,他是我的,你不要当泼妇抢人家东西。"聂琪琪的脸有些扭曲,使她看起来有些凶神恶煞。我皱眉,徐宏明是她的东西?聂琪琪可真是个恶俗的人。

可我心里是从未有过的平静,我说:"你放心,徐宏明怎会喜欢我这种人,我们一起只是因为家离得近而且同路,我跟他并没有你想象的那种关系。"

"我们什么时候不是那种关系了?"身后有淡淡的声音响起,可是这足以让我和聂琪琪的身体颤了一颤。我转过身,徐宏明推着自行车站在那里,依然是风轻云淡的表情,他走过来一手扶车,另一只手拉住我的手,神色平静而坚定,他说:"从你偷看我的那天起,我们就有那种关系了。"

我愣在那里不能言语,脸就红得快要滴出血来。幸好徐宏明这时候说:"我们回家吧。"

5

我飞快地骑着车遁走了,我怕心底的喜悦和兴奋会让我的胸膛爆裂开来。回到家,连爸妈的唠叨和训斥也不觉难忍,只觉镜子里的自己全身的细胞都溢着笑。

同徐宏明在一起的时间多了,我简直快要忘记李海的存在。直到那天上体育课,我向老师请了假在班里休息,李海这时候走进教室,在我身边的座位坐下。他只是说:"林暖,我哪里做得不好,我可以改。"我忽然就有些心酸,这样从未遭受过女生拒绝的纯白少年,怎么偏偏拉住我不放。同学下了课回来，都惊奇地看着站在我旁边的他，李海没再说话，轻轻地回到他的位子上。

6

我没有同徐宏明说起的，还有聂琪琪眼神的纠缠，她的目光总尾随在我背后，只要她能看到我。那样冷清哀怨的注视，我总没有勇气转身去看，她没有同我正面相见，我自然也不会去招惹她。

其实我们在一起的时候彼此都很沉默，不是没有话说，是因为知道对方在想什么。这点，是任何人都无法与徐宏明比拟的，那些破坏人好心情的麻烦事，我自然不愿意他知道。

空下来的许多时候，徐宏明会帮我恶补数学和物理。有他在身旁，觉得枯燥无比的理科也不那么难学了。自此以为，两个人可以努力考到同一个学校去，直到爸爸拿擀面杖打在我身上的时候，我也是这样以为的。

爸爸不知怎么知道了我和徐宏明的事情，便逼着我写下保证书，从今以后不和徐宏明来往。我却只写了保证成绩只进不退。爸爸看了之后立刻满屋子地找东西，到最后拿了擀面杖从厨房出来，才知道他是要打我。

以前我再怎么招他讨厌，他也从未动过我一指头，如今可能是气急了吧？挨打若能换来和徐宏明的相处，我便心甘情愿地接受这一切。我没有流一滴泪，他就打得更狠了，妈妈虽然着急却也无计可施，这个家里，凡事都是爸爸做主。

夜间睡在床上时，才觉得爸爸下手的地方痛楚难忍。我起身在抽屉里找出一管药膏，把它涂在身上青紫处，我没有落泪，因为心中有着强大的信念。

可是第二天看到徐宏明和聂琪琪快要挨在一起的身体，我忽然觉得无比委屈，泪水就滴在课本里"徐宏明"三个字上。我不知道是怎么回事，可也不会再去问他，我在心里安慰自己，徐宏明一定会回来的，得来不易的爱才会被珍惜。

7

以蹩脚的借口安慰自己，是多么愚蠢的事情呵！可是不这样做，我会找不到前进的动力。我假装看不见徐宏明和聂琪琪紧密相偎的身影，假装看不见徐宏明的面无表情，假装听不到所有人的嘲笑和幸灾乐祸的奚落，我只能看着窗台外的那抹身影，我宁愿自欺欺人地幸福下去。

只是没想到我在家附近的菜市场里买完菜回来，被车碰了腿的时候，是徐宏明第一个穿过人群走到我身边，把我送去医院。他的眼睛里有满满的心疼和不忍，我的泪水终于大滴地落下来。原来，他还是在乎我的。

我在医院里的那些日子，除了家里人，就只有徐宏明陪着我，我们谁都没提聂琪琪的名字。我也幻想着，我们没有分开过，没有渐行渐远的痕迹。

出院的前一天，我和徐宏明忽然都没了语言，正沉默的时候，聂琪琪出现在病房门口。她倚着门框站在那里，意味深长地笑着，她说："我们家徐宏明为了来看你课都没上。"

我苦涩地笑笑然后对徐宏明说："多谢你，我明天就出院了。"

徐宏明忽然慢慢握住了拳头。我知道这是他感到愤怒时的表现，可是到最后，他的手还是慢慢舒展开来。我的心也跟着凉了。

第二天妈妈接我出了院，在家又休息了几天，我便去学校上课了。这几天的课堂笔记徐宏明已经记好了给我，这样的他即使是一言不发地离开了，我也恨不起来。可惜安静的徐宏明，沉默的徐宏明，体贴的徐宏明，我再也触不到了。

8

我的成绩好了起来，爸爸的呵斥也少了许多。在学校与同学的关系不咸不淡，老师偶尔也会笑眯眯地看着我。这样的情景对我来说很不错，可是身边没有了徐宏明，这些都变成无关紧要的事情了，现在的徐宏明，我只能远远地看着。

　　这样过了很久，聂琪琪忽然找到我，非要约在酒吧见面。我开始不同意，可听她说是与徐宏明有关，我思索了片刻就同意了。她约我周六晚在学校旁的小店见面，说到时候只要我出现她就会看到我。

　　小店里，聂琪琪迎面走来，把我领到一间不大不小的包厢内，里面没有别人。我等着她开口，她却只是一杯一杯地喝那些颜色鲜艳的饮料。她说："林暖，你转学吧。"

　　我愣在那里没有出声。她直直地看着我，看得我身上发毛。

　　她说："你转学吧。"

　　我冷笑，"为什么要我转学？"

　　她说："你必须转学。"

　　我说："我家肯定不同意我转学，我也不想转。"

9

　　聂琪琪愣了很久才说："别逼我，林暖。"我笑了。

　　聂琪琪咬了咬牙，然后她说："我出去拿饮料，你先坐这里等着。"当时只有十七岁的我，根本不明白聂琪琪咬牙的原因。我竟很听话地坐在那里，等她待会过来。

　　可是后来进来的却是一个身形彪悍的中年人。他说："这是聂琪琪让送进来的饮料，你先喝着，她待会儿就来。"我竟真的拿起来默默喝了一大半，可是没过一会儿，我的头却越来越晕。

在黑暗中醒过来的时候，忽然闻到很刺鼻的烟味。我动了动身子，倒没有觉得不适，摸摸自己的衣服，还是整齐的，还好，我的心终于落回了肚子里。烟味越来越浓，我被呛得喘不过气来，我想起身，身子却软绵绵的怎么也站不起来。

这时听到外面有人喊："救火啊，起火了。"我大喊救命，可是没有人听见，或是听见了却不肯来救我，我又陷入了绝望，难道要出什么意外吗？

想着想着，泪水就流成了河。爸爸，妈妈，弟弟，徐宏明，他们在我脑中不断出现，以前发生的事像放电影一样在我脑海里快进着，烟越来越浓，我的意识也渐渐模糊起来。

10

再醒来的时候，是在医院里。首先看到的，竟然是李海。李海脸色颓然地说："你终于醒了。"

我顾不得惊奇他为何会在身旁，只问他："是谁救了我？"

他说："是消防员。"

我抓着李海的手臂问他："徐宏明呢？他为什么不来看我。"

他动了动嘴唇才艰难地说："徐宏明转学走了。"

我曾想过，要让聂琪琪受到应有的惩罚，可是那天她说，是李海跟我爸爸说了我和徐宏明的事，那天发生的事，李海也参与了，他想让我和徐宏明分开。

我除了发愣，就再也说不出话来，徐宏明在转学之后再也没有出现过，我坐在教室里，被灼热的太阳光狠狠地照着，却还是觉得全身冰冷刺骨，犹如坐在冰窖里。

李海说："让我来照顾你。"

我摇头，独自迎着风向前走。怎么可能和他在一起呢，他和聂琪琪犯下的错，这辈子我都不会原谅。

后来某一天，我看到一句这样的话：原谅时光，记住爱。我在看到这句话的时候泪流满面。我想，我会记住徐宏明的好，记住我们的爱。我会把它们放在脑海里好好珍藏，一辈子都不会遗忘。

11

我再也没有见到徐宏明。我不知他是否会在某一个角落里，像曾经我注视着他那样，偷偷地看着我。现在想着的除了叶阿姨外，更多的是徐宏明。我相信，某年某月的某一天，会有一个安静沉稳的纯白少年，走到我面前说，"我回来了，你还记得我吗？"

我不原谅自己，不原谅李海和聂琪琪。我能做到的只是，原谅时光，记住爱。

李浩然已消失在日落前

莫angle筱晓

不过是一缕幽微的叹息

最近,最开心的事莫过于李浩然主动让我帮他洗衣服。我喜欢他,即使是在寒冷的冬季,我还是极其乐意地将手指完全浸泡在冷水里,哪怕此时的手被冻得毫无知觉,抑或是被衣服的拉链划伤过多次。

然而,我无意间发现一件校服上面写着三个字:窦子豫。他不是李浩然的室友吗?我又翻了几件校服,全都是他的衣服。

明明告诉自己不要哭,却还是看不清眼前的衣服。

不如就将曾经发生的都当作一缕幽微的叹息吧。摒弃那些陷落在时光的某个转角上的记忆,让缱绻心伤得以暂时的搁浅。可即便是这样，我的心依旧停留在原始的位置，不进也不退，纵然轻舟已过万重山。

吃酸菜吃出的单相思

"据说成绩凑合，不过男生嘛，文科终究弱了些，所以自然要去学理。"

"化学倒是不错。"

"巨蟹座型男。"

扑面而来的信息，就这样让李浩然这个人在我的印象中逐渐具体起来。而我自己的实话是：喜欢坏笑，有点儿像《失恋三十三天》中的王小贱。

李浩然从来不会单独行动。他有一大堆称兄道弟的朋友，一起吃饭，一起去厕所，一起打篮球。一大群男生在楼下谈笑，必不可少的只有他。他们喜欢谈论女生。一次，我和小若从他们身旁经过，不经意地听到一句"这女的长得怎么样？"众人齐刷刷地看向我们，还是被我的余光扫到。我没皮没脸地回头，只感觉脸像是被火烧一样，拉着跟没事人一样的小若快步走进教学楼。后面传来一阵哄笑。

其实他还算善良。学校里来了一只流浪狗，他常会买一些火腿肠喂它。喂狗的时候，他喜欢跑，狗狗追着他跑。他在笑，狗狗在叫，颇有几分西班牙斗牛士的感觉。

既然是校草级的人物，这些幼稚到小孩子都懒得做的行为自然会被女生们评价为，"好帅哦！"

我不想被认为是花痴，在别的女生尖叫的时候佯装冷静。其实，早已按捺不住此时波动的心绪。喜欢就像是酸菜，明知道没营养，却还是忍不住想吃，逐渐变成单相思。

笑看人生一场戏

"对不起啊！同学，我目前无心恋爱。"说完，李浩然把书包甩在肩头，转身大步离开。缩回手，我攥紧手里写着我电话号码的纸条，低下了头。

第一次告白的失败，对于每一个刚开始产生恋爱情感的女孩子来说，都会觉得一朵含苞待放的花朵在自己的心里瞬间枯萎。

"你始终独一无二盘踞在我心里，给予我无法比拟的幸福与喜悦！"我大声喊出来。可是，换来的只是他头也不回地挥挥手。

像我这样明知道没有圆满的结局却又故意多添几道伤口的奇葩，这学校再不会有第二个吧？无论如何也要渗透到他的生活中去，让自己得到小小的满足，也在希望他的改变。

终于在高一那年的暑假末，他肯加我为好友。他和我说的第一句话就是:"给我写作业吧!"我犹豫片刻,看着自己还没写完的成套成套的试卷,咽了一口唾沫。他见我不说话,发了个欲哭无泪的表情。我咬唇,只好答应。

开学第一天,我如约把作业交到他的手上,他一句话都没说地接过。

那次,我从小卖店里出来,恰巧碰到了他,他微笑,待我刚要上前去打招呼的时候,我身后的一个女生突然用甜甜的嗓音喊了声:"浩然哥。"他会心地微笑点头,全然无视我的存在。

放假回家,我打开电脑上QQ,发现李浩然已悄无声息地消失在我的好友列表里,我竟一点儿也不知道。

才开学没几天,李浩然的那伙人就同几个文科班的男生打起来了。还未定输赢,就被校领导撞上。学校的处分还未下来,就有几个不识事儿的学生议论纷纷,说是李浩然可能要被学校开除。

在他回家的那几天,我总是感觉心里空空的。总喜欢爬上他曾经爬过的双杠,虽然是最高的,我还是勇敢地爬上去了。坐到上面也会想,他是不是真的转走了,那个学校是不是有好多漂亮女生,他会不会喜欢上她们中的一个。直到上课铃声响起,我才麻利地跳下来,跑回教室。

我很想去校长办公室给李浩然求情,但当我把要说的话和小若说了一遍之后,小若一拍桌子站起来,"安小溪,你是傻子吗?你学习那么好,却要让这么一个人来耽误你的前程，更何况他根本不爱你。"被她说了那么多，我还是左耳朵进右耳朵出。最后，把写得满满的一封信偷偷地放到校长的办公桌上。

所以，没过几天，我就在那个最高的双杠上看到他，灰色的毛衣套在他身上的确好看许多。

但是，接下来的一段时间，每次见到左城，李浩然都会像饿狼一样盯着他，李浩然险些被开除就是因为和左城他们打架。即使左城是我的老乡，论辈分还是我的小叔，自此之后，我都再没有与他说过话。

转眼间到了学业水平考试，我和李浩然分到同一个考场。他说："互相帮助。"

我莞尔一笑，明白他的意思。

就这样，即使是被自己心爱的人删了QQ好友，他只要主动那么一点儿，你还会把他原来带给你的痛苦毫不留恋地抛到脑后，然后再把生了一层灰的心掏出来，清理干净，诚心诚意地给他。

所以，也可以想象我在考试的时候疯狂地给他传文科答案，而且最值得开心的是，他也给我传理科答案。为了给他做政治材料题，我甘愿放弃了自己试卷上20分的题目。

成绩出来。

托他的福，我的理化生全都不及格。

托我的福，他一科都没挂。

校长来找我。我看到楼下打篮球的李浩然，咬咬牙，"放心吧，我不会让你失望的。"校长的表情由严肃变成平淡，冲我摆摆手。

我告诉自己要笑看人生一场戏。

女之耽兮，不可脱也

大概是内心愧怍，每次见到我，李浩然都会故意躲开。

我已下决心忘记李浩然。但实际上不用刻意去忘，那个人也在忙忙碌碌的学习生活中慢慢地被记忆冲淡了，就像是蒸馏过的水，不干净的东西早已不复存在了吧。

他走他的路，我有我要的幸福。而且后来的几次考试，我都是稳坐第一的宝座。小若很是惊讶，问我是不是天才转世，校长的脸上也洋溢着微笑。

李浩然再来找我的时候，我正在做班会的课件。

"有时间吗？帮我个忙可以吗？"他拍了拍我的肩头。

我忍不住回头，和他对视。好帅气的脸，只不过，对于我来说多了几分生疏。

我尽力按捺此时的兴奋，可那些躁动的心绪却还是不断膨胀，以至于撑破了伪装的气球。

很可悲是吧，就这么简单地重归于好了。

李浩然给我一堆衣服，说是他自己的，因为手受伤了，洗不了，所以叫我帮他洗。我毫不犹豫地答应了。因为我看到其他的男女朋友之间都是男孩子把自己的衣服给女孩子去洗。当时被我理解为他真的接受我了。

或许是我太天真了吧，洗了那么多件衣服后才发现原来是在为别人作嫁衣。

还有一次，班里的一个胖男生对我动手动脚，我宽容了他几次，他就得寸进尺。我和小若什么招都用了却还是束缚不了他的色胆。

我去找李浩然帮忙，他说他不管。无奈之下，我哭着鼻子上楼，恰巧碰到左城，他把我拦住，我也只好把事情的来龙去脉讲给他听。次日的早晨，我看到欺负我的那个胖子的脸肿了。

也不知道李浩然是从哪里得来的消息，他给我写纸条，上边说："安小溪，你真没出息，竟然让那种人帮你。"

我把纸条扔到垃圾桶里然后趴在桌子上大哭。

正好那几天我们复习《氓》，我很大声地念出了"于嗟鸠兮，无食桑葚；于嗟女兮，无与士耽。士之耽兮，犹可脱也；女之耽兮，不可脱也"。

曲终人散也好

　　看见一个女孩子，每次见他的时候都会微微一笑，是一种无邪的期许，而那透露出绵绵喜欢的眼神像是在渴望一种独一无二的幸福，让人心生好奇与嫉妒，亦如曾经的我。

　　静默中走近，不经意地听到一句"浩然可定会看上我的"。我的心被猛地一刺。比不上她白皙的肌肤，不及她俊俏的容貌，不如她高挑的身材。甚至会觉得她会和李浩然很般配。我会这样想，不过是听到他和他的一群朋友说，白富美是他心目中的女生。而我既不白也不富还不美。

　　他是天上的云，我是地里的尘。灰姑娘找到爱她的王子是在失真的童话，而现实中却总是那么遥远，遥远的天方夜谭。

　　所以，在看到他们成功牵手之后，唯一能做的应该就是轻轻一笑，像是了却了一个未曾了结的夙愿。

　　不如就将曾经发生的都当作一曲尘封已久的天籁，一曲终了，曲终人散。我含泪而笑，这样也好。

　　就算再久，也不可能忘了他

　　这几天再也没有见到李浩然。

　　我表面看似平淡如常却还是觉得像被什么东西狠狠地

扎了一下。

但帅哥大概就是这个样子，即使人已经不在，相关的消息还是一再传来。他才走没多久，就有同学叽叽喳喳地说："李浩然去北京了。"

元气满满的六月，接着高考就到来了。就这样，看似跌撞曲折的高中生涯就这么轰轰烈烈地结束了。成绩出来的那天，校长给我打电话："恭喜啊！S市文科状元。"

我一笑，"这么说，我们之前的约定结束了？"

"早就结束了啊！"电话那头说。我撅撅小嘴。

填报志愿的时候，我对着志愿书发呆。留在本市有学校提供的助学金，父母就不至于那么拼死拼活地挣钱了。可是，"北京"这两个字像北斗星一样，一闪一闪的，提醒着我李浩然所在的方向。

我把父母辛劳的场景抛之脑后，在志愿书上填了三个以"北京"为开头的学校名。

傻吧，无可救药的傻吧！

大学的日子里偶尔也会在夜深人静的夜晚想起一张熟悉的面孔。想到与他在同一个城市，此时的我会微微扬起嘴角，感受到甜蜜与心动，就像是你往水里扔一枚石子所泛起的道道涟漪。

犹如一些人静静地隐匿在记忆的某个不知名的角落，看上去默默无闻，却还是在你的生命里扮演着极为重要的角色。以至于你做的每一件事都和他有着直接或间接的联系。

我不再把自己闷在学校里,开始逛他可能逛的商场,到他可能到过的公园,去坐他可能坐过的长椅,想象着他就在我的身旁。

我试图谈一次痛痛快快的恋爱,忘记一些不值一提的曾经。于是,也学着和同宿舍的女孩子们一起给同一个男生写情书,看那个被大家描述得很像陈翔的大二学长会挑中我们中的哪一个。可是每次我都会偷偷地把情书扔到垃圾桶里,也许是没有感觉了。即使再帅再好的人都无法把那个扎根很久的人从自己的心里面剔除出去。

也有过男孩子给我写情书的情况。但都被我拒绝。我告诉他们我有男朋友,他对我很好很好。

有时,同宿舍的姐妹们带着自己的男朋友出去逛街,我总是留下来看家。我们还会在一起讨论男孩子,她们借此转移话题问我是不是真的有男朋友。而我的回答是:"有!过几天他就会来找我。"她们也就不再过问。

为了彻底扼杀她们的疑心,我给正在北京打工的左城打电话让他来接我。

我还记得他来的时候借了一辆奥迪车。在宿舍楼下疯狂按喇叭,好像让所有人都注意到他,旁边的几个女孩子尖叫,"小溪,我们都好羡慕你哦!"

这是我做的最要命的傻事。左城因为还不太会开车,结果把借来的奥迪车刮掉一层漆,本应该是我赔钱的,他却自掏腰包。

后来，我利用休息的时间打工赚钱，然后把挣来的钱寄到他的老家。

可能是不想再给他添麻烦吧，后来的日子里，我真的再没有联系过他。直到同宿舍的女孩子问我关于我男朋友的情况。纸是包不住火的，我只好把李浩然的事如实交代出来。她们很讲义气，说是要通过人脉帮我找到李浩然。

很遗憾这只是一个关于单恋的故事，无论我再怎么努力，总是连一分钱的回报都没有。同学聚会的时候，谈到李浩然，我才得知，他后天要从北京飞往加拿大。这可能是我们最后一个见面的机会了。我来不及说句道别的话，急匆匆地跑了出去。

有多久没见了呢？我掐指一算，应该很久了吧。

日落前对你说放手

飞机场。

我还是看到了李浩然，他坐在椅子上玩着手机。还是帅气迷人的外表，精致若上天精雕细琢，浓密的刘海儿尚未遮住那诱人的双眸，不加修饰的大眼睛澄澈得犹如见底的深潭。坚挺的小鼻子显得格外俊俏，拉出一条唯美的弧线，倘若弯弯的月亮般清丽于明艳，好漂亮的脸，似乎从没有发生过改变。

看到我的时候,他眼睛一亮,随后小跑着来到我面前,"安小溪……"我还没来得及张口就被他一把抱住。

"没想到还能见到你。"他竟然会如此激动,因为我始终觉得激动的人该是我自己。我并没有哭,只是微笑如常,就像是很久以前在学校里跟他碰面时的表情一样。因为那时想的只是不希望把阴霾的心情传染给他。

我们聊了许久,而他的情绪自始至终都激动无比。

他说他还没来得及和朋友告别就被父母硬塞到去往北京的火车上。他家人并不是炒股赚了钱,而是为了给他治病。

他还说了许许多多抱歉的话,关于我给他写作业导致我自己被罚,关于后悔删我QQ好友,关于把他室友的衣服拿来给我洗,关于害我会考没有通过……

总之,那些陷落在记忆的旋涡中的往事,最容易在此时被拍去附着在上面的尘埃,毫无保留地暴露在茫然的天地。我扬起嘴角,都过去了吧,旧梦不须记,时过境迁后也不必再被提起。

杂杂碎碎的片段都不重要了,重要的是他到底有没有爱过我。否则这些年的努力,换来的或许只是竹篮打水一场空。

不过,我一直难以说出口。

出乎我的意料,他竟然给我讲了一个故事。

曾经有一个少年,他悄悄地喜欢上一个给他写过情书但被拒绝过的女孩子。但是少年无法去爱,因为残酷的现实告诉他,他会在二十岁左右患一场大病,他不想为此牵连深爱自己的人,所以他毅然选择以实际行动折磨那个人。但是那个人简直是一个打不死的"小强",以至于他伤她一次,看到她就这么勇敢地挺过来,自己的心都会痛如刀割。现在少年的病完全好了,可以大胆去爱了,但是却迟迟没有那个女孩儿的消息。

我一笑,却突然发觉此时的笑太假,眼中早已噙满泪花。竟说不清是感动还是难过。三年前,由于我的那封信,他才不至于被学校开除学籍。因为我向校长保证,只要他回来,以后的年级第一一定是我的。但是,从年级几十名越到第一又是何等的不容易,所以我只能玩命地学。有时,看到他在操场上打篮球,我会莞尔。想,我和他曾有过那么一段难以释怀的曾经,仅此而已。这样已经是上天给我的最大恩赐,我并不奢望太多,只是单纯地去想学习的事情,来静静地忘记他。

出乎我的意料,他竟然为了我放弃了加拿大的学业。

从飞机场出来,我们又做了许许多多有意义的事,轰轰烈烈地恋爱,开开心心地满足我高中时代奢望已久的幸福……

很不幸这只是我的一个单纯的幻想。实际上,实际上我并没有去机场,更别说碰到李浩然这个人。我有轻微的妄想症，总会在大脑一片空白的时候幻想一些从未有过的事情。

那天聚会结束。我静静地走在广场上，听着歌。

"看我们轰轰烈烈爱过恨过/也潇潇洒洒把你忘了/如果人生会有寂寞的时候/在风里为自己唱一首歌。"

听得入神。

我并不是没有想过能与他再度重逢，但是后来仔细想想，就觉得没有什么必要了。或许，从自己用涂鸦笔高高兴兴地为高中画完最后一个句点之后，所有的所有就都不复存在了吧。那个人，那些事，那段不值一提的曾经，他们只不过是在过去的某个平行的时空闪闪发光，而我早已不是那个时候的我了，因为无可避免地长大，我们都成熟了好多。

你的一生注定有一些人是陪你看日出的，它们就像转瞬即逝的流星，匆匆地出现，来不及同你告别，就消失在茫茫的星空，只不过你还在傻傻地念叨，念叨他终有一天会回来，直到那个陪你看尽月色的人出现在你的面前。

又见花开

孙 颖

花开花落，终是宿命。芸芸众生，缘深缘浅，辗转反侧。阳光清澈熟稔，噙着抹淡笑，蓦然回首，又见花开。

记忆中，有块地方熏着清香，一帧一帧的，每一幕都零落着月季，每片花瓣上都浸润了阳光，有股甜味儿。

那是扎着小辫，整日没心没肺的年纪，姐姐拉着我的手，走在阳光下，乌黑的发夹杂着窸窸窣窣的光，空气也是那么温柔。

姐姐只比我大一岁，眉眼里却似乎有着比我年长许多的清冽：父母离异，自己左脚也不方便，月光下，那一瘸一拐的背影是如此残缺。我仰起头，姐姐的双眸灿若星子，如月季般明艳：一定是天使接住了那跌落在花间的温暖，揉进了姐姐的心中吧？我的姐姐，嘴角噙着一抹淡笑，笑得温暖，伴着花落的声息。

姐姐俯下身，托着那鲜润的花瓣，一片一片，叠在手心，睫毛轻微地颤动，我嘻嘻哈哈地抱着姐姐的胳膊，扬着手心的花瓣，一片一片，散落在她的发间、肩上，清流着馨香。姐姐边跑边撒着花瓣，细碎的步伐，纤美的花瓣在风中耀着水晶般的光泽，姐姐的侧脸被勾勒得很是倔强，她在阳光下肆意地奔跑，不太利索的脚儿，绚成一幅绝美的花季缤纷图，我也在阳光下奔跑着，记忆被月季散落，任阳光倾洒，在濡湿的泥土下，一切都美得那么真实。

月季始终盛放，凋零，再盛放，一季又一季，也许只在它的面前，时间，才不会显得仓促。这种感觉，像在白开水里掺上了绵糖，细细密密的，闻不到花香，心跳也慌张。

如今，姐姐去做左脚的手术了，我想，摘朵月季，插在她发间，一定像个天使，一个有着星星泪光却笑颜满面的天使。是风捎来了思念吧，我走在阳光下，左手边留着姐姐的位置，每一丝光线都显得那么温柔，我扬起头，踮起脚尖，靠近，再靠近，笑容愈真切，像在回应某个时空的笑靥。

细小的，躲在叶间，浓密的绿，亮着这抹艳红，是皇家女儿，金枝玉叶着，但又羞涩着，扒着绿叶，偷偷笑。是月季，又开了呢。

唇角上翘，满眼都是宠溺。

不是黛玉葬花的凄零，不是陌上花开缓缓归的闲适，我所守候的花开，细小而执着。花开，浅笑，花落，轻叹，辗转反复，倏地发现，心底的那朵花，一直开着，永不枯萎。

用阳光擦亮了眼眸，仰头，姐姐在笑呢，回望，又见花开。

泼泼辣辣，灵秀而清雅，带着生的轮回，吐纳着独有的芬芳。